5-MINUTE
THINKING TRAINING
LOGICAL AND CREATIVE THINKING

段嫒　徐慧远◎著

5分钟思维训练

逻辑与创意思考法

北京大学出版社
PEKING UNIVERSITY PRESS

内容提要

本书是一本脑力开发读本，旨在锻炼读者在逻辑思维与创新思维方面的能力。

本书内容包括上下两篇，共六章，以及答案详解。其中上篇为逻辑思考训练，包括第一章初级训练（20道题）、第二章中级训练（20道题）、第三章高级训练（10道题）；下篇为创意思考训练，包括第四章初级训练（20道题）、第五章中级训练（20道题）、第六章高级训练（10道题）。

本书适合想提高专注力、观察能力、细节发现能力、探索能力、统筹能力、全局思维、预测能力的读者阅读。

图书在版编目（CIP）数据

5分钟思维训练：逻辑与创意思考法 / 段媛，徐慧远著. — 北京：北京大学出版社，2020.12
ISBN 978-7-301-31809-6

Ⅰ.①5… Ⅱ.①段… ②徐… Ⅲ.①智力游戏 Ⅳ.①G898.2

中国版本图书馆CIP数据核字(2020)第209737号

书　　名	5分钟思维训练：逻辑与创意思考法 5 FENZHONG SIWEIXUNLIAN: LUOJI YU CHUANGYI SIKAO FA
著作责任者	段　媛　徐慧远　著
责任编辑	张云静
标准书号	ISBN 978-7-301-31809-6
出版发行	北京大学出版社
地　　址	北京市海淀区成府路205号　100871
网　　址	http://www.pup.cn　　新浪微博：@北京大学出版社
电子信箱	pup7@pup.cn
电　　话	邮购部 010-62752015　发行部 010-62750672　编辑部 010-62570390
印刷者	三河市博文印刷有限公司
经销者	新华书店
	880毫米×1230毫米　32开本　6.25印张　174千字 2020年12月第1版　2021年6月第2次印刷
印　　数	4001–6000册
定　　价	35.00元

未经许可，不得以任何方式复制或抄袭本书之部分或全部内容。
版权所有，侵权必究
举报电话：010-62752024　电子信箱：fd@pup.pku.edu.cn
图书如有印装质量问题，请与出版部联系，电话：010-62756370

我们在学习和生活中,常常羡慕具有这样特质的人:无论面对怎样的困境,遇到什么样的难题,他们都能找到较优的解决方案,轻松解决难题,化解困境。

他们几乎都非常聪明,而这种"聪明"更多的是因为他们可以比普通人更成熟地运用几种高价值的思维方式。

思考能力决定着我们看待问题的方式和解决问题的效率,而逻辑思维能力、创意思维能力、目标思维能力和视觉思维能力则是大脑思维能力体系中重要的基石。

也正因如此,在知识工作者中,精英往往是这四类人:逻辑鬼才、创意精英、目标达人和视觉王者。

逻辑鬼才严谨而客观,具有极强的判断能力,也更有主见。他们看待问题往往一针见血,从来不会被表象所迷惑。

创意精英幽默而机敏,脑海中有趣的点子层出不穷,创意永远不会枯竭。

目标达人浑身都写着"自律",只要制定了目标,他们就一定能完成。而自律对于他们来说是非常美好的体验,而非痛苦的坚持。

视觉王者不仅能用眼睛进行思考,还能运用视觉化的手段进行表达。他们做事总是能事半功倍,出人意料。

人的思维能力是天生的吗?会一成不变吗?那些看起来比较"笨"的人,能不能通过训练使自己变得"聪明""优秀"呢?

答案是肯定的。生物学家和神经学家已经证明,我们可以通过科学的思维训练和脑力锻炼来增加脑细胞神经元之间的连接,从而提升思考能力、记忆能力和认知能力。

这是一个好消息,这意味着我们每个人都可以通过科学的思维训练提升自己的思考能力,拥有"高配版"的大脑。然而,我们在日常生活中很少有这样的意识,尤其是离开学校之后,人们便很少对"大脑锻炼"这件事有足够的认识和重视。而且,市面上也鲜有能为大众提供系统性思维训练的工具或书籍。

三年前我开始研究思维训练。事情的起因是我想帮助那些刚进入职场的年轻人快速提升他们的能力,让他们在极短的时间内成为业界精英。我想制订一套简单、易用、循序渐进、系统的思维训练方案,让每一个人都能快速上手,让每一个人花最少的时间在充满趣味的题目里不断提升、进阶。

我想抛却那些花里胡哨的理论,实打实地帮助大家锻炼思维能力,让大家的大脑活跃起来,灵动起来。

于是,就有了这套书的诞生。

这套书共有两本:《5分钟思维训练:逻辑和创意思考法》和《5分钟思维训练:目标和视觉思考法》。

《5分钟思维训练:逻辑和创意思考法》共分为上下两篇,上篇是针对逻辑思维的专题训练,下篇是针对创意思维的专题训练。

逻辑鬼才永远是头脑清晰的。逻辑思维专项训练便是帮助大家在厘清各种逻辑关系的同时，锻炼大脑在处理复杂逻辑链问题时的演绎推理能力、因果思维能力、相关思维能力、循环思维能力等，增强大脑对信息的敏锐程度，增强个人的判断能力、分析能力和决策能力。

而创意思维训练则旨在帮大家打开思路，扩展解决问题的方式方法，提供多种思考问题的角度和途径，让大脑实现跳跃性思考、创造性思考。

创意思考能力的增强可以使大家的大脑更加活跃，思路更加通畅，极大地增强大脑的联想能力和感知能力。

在逻辑思维训练和创意思维训练这两个专题中，每个专题都包含50道题目。这些题目由易到难，分为初级训练、中级训练、高级训练三个等级。每个等级的练习题目中都有解题的建议用时，希望大家在解题的时候能按照如下表格中的建议用时严格要求自己。

专题题目分类

训练等级	题目数量	建议用时
初级训练	20道	1~2分钟
中级训练	20道	3~4分钟
高级训练	10道	5~6分钟

遇到困难不要气馁，参考答案可以给大家指导和点拨。大家无须担心看了答案训练就没有效果了，每一道题目都是可以进行重复解答的，每一次思考的过程都是对大脑进行训练的过程。

如果你想变聪明，那么这本书对你一定很有帮助。

最后，我要感谢我的伙伴徐慧远先生，在本书的写作过程中，他给了我很多帮助和建议，也非常用心地参与了整本书的写作过程。我也将此书献给我的两个孩子——清玄和清盎，这也是我训练他们大脑思维的启蒙之书。

愿每一个努力提升自己的人，都会遇见自己的星辰大海，所有的成功都环环相扣。

想要获得更多思维训练题目，可以关注微信公众号：天才的征程。

段 嫒

上篇：逻辑思考训练
你的脑子能比别人的转得快吗？

第一章 初级训练 5

1. 图形巧解 6
2. 小贩的把戏 7
3. 谦让的哥哥 8
4. 车行的决定 9
5. 天平的两端 10
6. 数字迷宫 11
7. 强迫症的救赎 12
8. 上元节的花灯 13
9. 小马过河 14
10. 数学系的舞会 15
11. 神奇的尚左数 16
12. 总监的难堪 17

13. 四宫格数独 19
14. 到底谁是对的? 20
15. 幼儿园里排排坐 21
16. 兔妈妈的孩子 22
17. 今天是周几? 23
18. 成年人的困境 24
19. 美味曲奇饼 25
20. 迷宫成双 26

第二章 中级训练 27

21. 数字拼图 28
22. 寻找好心人 29
23. 解救米娅 30
24. 市场部的聚餐 31
25. 免费冰激凌 32
26. 妈妈的烦恼 33
27. 同意不同句 35
28. 哪个西瓜成熟了? 36
29. 日用品调价 37
30. 六宫格数独训练 38
31. 艺人的公关 39
32. 游戏领奖机制 40
33. 齐齐在家吗? 41
34. 火柴棍的求婚 42
35. 糖果有多少 43

36. 数列之谜	44
37. 猜颜色	45
38. 学霸的答案	46
39. 问卷调研	47
40. 少食多餐的益处	48

第三章　高级训练 49

41. 球球快出来	50
42. 不准动我的菜	51
43. 家电售后的纠纷	53
44. 中药的成分	55
45. 骏马的脾性	56
46. 三峡水怪	58
47. 数独游戏	60
48. 粮食安全的实践	61
49. 苹果垄断案	63
50. 脐带血储存	65

下篇：创意思考训练
如何有趣而轻松地工作和生活？

第四章　初级训练 71

| 1. 垫桌脚 | 72 |

2. 小元宵的作业 73
3. Lisa 赔了多少钱? 74
4. 房间的灯 75
5. 小球排队 76
6. 鸭妈妈数孩子 77
7. 山羊买外套 78
8. 该填什么呢? 79
9. 比萨店的题目 80
10. 小鱼游游 81
11. 等式要成立 82
12. 进击的三角形 83
13. 猪奶奶的菜篮子 84
14. 盲人买袜子 85
15. 欢乐世界寒假庆 86
16. 错的标签对的糖 87
17. 刘姥姥回娘家 88
18. 错综复杂的道路 89
19. 香烤华夫饼 90
20. 小兔子回家 91

第五章 中级训练 93

21. 硬币正相同 94
22. 兄弟分油 95
23. 点燃一炷香 96
24. 擦数字游戏 98

25. 飞机绕地球飞行 99
26. 他们的职业是什么? 100
27. 剩下的是谁? 101
28. 球在哪儿? 102
29. 乡村的小桥 103
30. 残缺变完整 104
31. 美丽的包装纸 105
32. 伯爵的遗产 106
33. 服务员切西瓜 107
34. 抓出"叛徒" 108
35. 价格标错了吗? 109
36. 顾客很着急 110
37. 金矿发工资 111
38. 松鼠背松子 112
39. 妙填字 113
40. 比尔的花环 114

第六章 高级训练 115

41. 猜出来了吗? 116
42. 数字反着站 118
43. 春夏秋冬 119
44. 数字轮盘 120
45. 接下来画什么? 121
46. 右转城堡 122
47. 数字签到卡 123

48. 画龙点睛 124

49. 寻找同类 125

50. 猫咪咖啡馆 126

答案 127

逻辑思考训练

你的脑子能比别人的转得快吗？

我们经常在新闻中看到外交官在面对外国记者的刁难和诘问时从容不迫、口吐莲花；行业巨贾在面对商场的战略抉择时杀伐决断、游刃有余。他们是如何做到思维敏捷的？他们的大脑为什么总比别人的转得快呢？

答案是，这些人往往拥有极强的逻辑思维能力。

逻辑思维能力是指正确、合理思考的能力，即对事物进行观察、比较、分析、综合、抽象、概括、判断和推理的能力。它是人的认知水平的高级阶段，也是智力评定的重要因素之一。

逻辑思维能力强的人具有更强的判断力。他们不容易被事物的表象所迷惑，能够从纷杂的信息中快速抓住核心，提取要点。他们能清楚地区分事物的重要等级，看透事物的本质。

电影《教父》中有这样一句话："花半秒钟就能看透事物本质的人，和花一辈子都看不清事物本质的人，注定拥有截然不同的命运。"

逻辑思维能力强的人更有主见。他们不容易被他人的想法所左右，也不会盲目地跟风和服从，从而丧失自我。他们清醒而独立，果敢而机敏，不会在没有价值的事情上浪费时间，因此他们总是能表现出让人叹服的决断力，脑子转得特别快。

逻辑思维能力强的人对待事物更加客观。他们不是没有情绪，而是很少被情绪左右，也基本不让情绪影响自己正常的判断。因此，逻辑思维能力强的人更容易做出正确的抉择。

逻辑思维能力强的人更加严谨。他们能关注到事物的细枝末节，不会忽略任何一个重大因素，做事严谨而细致。

因此，从表象上看，逻辑思维能力强的人就是脑子转得比别人快，能用更短的时间产出更加优质的结果。

逻辑学发展至今，已经成为一门比较成熟的学科。我们有各种各样的逻辑思维工具可以辅助自己训练逻辑思维能力，从而达到改变思维能力的效果。例如，"5W1H逻辑思维法"就是一个简单、便捷的可以改善人的逻辑思维能力的工具。

5W1H逻辑思维法

在运用这些工具的同时，我们可以通过完成大量的逻辑思维类的题目来提升自己的逻辑思维能力。

在进行逻辑思维训练时，我们要重点关注事件之间的逻辑关系：因果倒置、前后矛盾、对立、递进、以偏概全等，并且将有利的逻辑关系运用到自己的生活中,将不利的逻辑关系进行调整。时间一长,我们的脑子就会越转越快,我们就会越来越聪明!

本篇共有50道逻辑思维训练题目,题目的设置由易到难,大家是不是已经迫不及待,想一展身手了?

① 第一章　初级训练

② 第二章　中级训练

③ 第三章　高级训练

1. 图形巧解

下列算式中的三角形、正方形、五角星和心形各代表一个整数，而且它们之中最小的整数也大于1。试问，这四个图形代表的数字分别是多少时可以使等式成立？

建议用时 1~2分钟

小贩的把戏

推理思维

某公园里,有个小贩摆了一个游戏摊位。游戏规则很简单,小贩的手里有三个不透明的杯子(分别为1号、2号、3号)和一个红色的小球,参与游戏的人需要猜测红色小球在1、2、3号哪个杯子里。

每玩一次游戏,玩游戏的人都需要先付100元的押金。若是猜对了,小贩将双倍返还现金;若是猜错了,押金就归小贩所有。若玩游戏的人实在猜不到,可以向小贩讨要线索,每索要一条线索,小贩就会从押金中扣掉20元。

小贩提供的线索不一定每一条都是真的,但小贩保证,他提供的第三条线索一定是真的。而据围观的大爷大妈们说,小贩给出的第二条消息一定是假的。

王大爷看到别人玩,自己也想试一试。他付了100元押金,便兴致勃勃地坐下玩了起来。小贩将红色小球装好之后,又将三个杯子依次摆在了王大爷面前。王大爷一点思绪也没有,便向小贩讨要了一条线索。

小贩说:"红色小球不在1号杯子里。"

围观的人讨论了起来,但大家的意见不一致,王大爷也不敢贸然乱猜,于是便讨要了第二条线索。

小贩说:"红色小球在2号杯子里。"

王大爷依旧不敢做决定,于是又向小贩讨要了一条线索。

小贩说:"这是第三条线索,这条线索一定是真的。红色小球不在3号杯子里。"

你能帮王大爷猜出小球在哪个杯子里吗?

建议用时 1~2分钟

谦让的哥哥

14岁的哥哥正在和4岁的妹妹玩五子棋。哥哥棋艺精湛,可4岁的妹妹才刚刚学会下棋。哥哥非常疼爱自己的妹妹,为了不让妹妹感到失落,哥哥决定故意输给她,但是又不想让妹妹发觉。

妹妹认认真真地与哥哥下着棋,棋盘上的对局如下图所示。棋盘上白色的棋子是妹妹的,深色的棋子是哥哥的。现在又轮到哥哥下子了,哥哥下一步怎么走就一定能保证妹妹赢呢?

五子棋的规则是,在横向、纵向或斜向上有5个颜色相同的棋子则为胜。

建议用时 1~2分钟

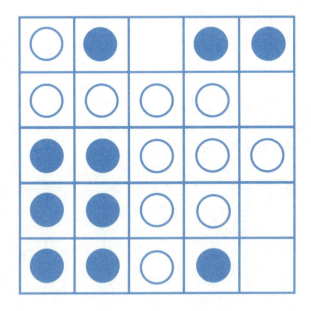

4 车行的决定

逻辑链思维

一家车行利用大数据对本市近一个月以来的车辆市场和客户的购买喜好进行了研究分析,得出了下面这些结论。

调查结果

购买电动汽车的人比购买混合燃料汽车的人多;
购买红色汽车的都是女性客户;
有孩子的家庭大多会选择SUV;
SUV的价格较同品牌的其他车型高;
二手车的成交量高于新车。

根据以上信息,下面哪种情况是在车行对大数据进行分析的这一个月内,在本市不可能发生的?

A. 某单亲爸爸购置了一辆红色SUV,用于接送自己的女儿上下学;

B. 刚毕业的女大学生莉莉买了一辆黑色的二手车代步;

C. 某品牌汽车的某款轿车车型的价格比该品牌最贵的SUV的价格还要高;

D. 一个二胎家庭买了一辆低排量的黑色小轿车。

建议用时 1~2分钟

5 天平的两端

数字化思维

图图收到了姑姑送给他的一个天平玩具,他兴致勃勃地和姐姐一起玩了起来。游戏规则是,姐姐在天平的左边放上一些积木,图图在天平的右边放上另一些积木,使天平保持平衡。

第一次,姐姐在天平左边放置了两个方块积木和一个圆柱体积木,图图在右边放置了两个星形积木,这时天平恰好平衡。

第二次,姐姐只在左边放置了一个圆柱体积木和一个方块积木,图图尝试了好几遍,在右边放了两个方块积木和一个星形积木,这时天平恰好保持平衡。

第三次,姐姐在左侧放置了一个圆柱体积木和两个星形积木,并且要求图图只能在右边放方块积木,不能放置别的形状的积木。

你帮图图想想,放置几块方块积木才能使天平平衡?

建议用时 1~2 分钟

数字迷宫

依依和琪琪在玩趣味数字迷宫,如下图所示。小猴子需要从迷宫的入口处进入,按照一定的规律寻找可以走的路径,从而拿到出口处的香蕉。

你能看出这个迷宫中小猴子需要按照什么规律前进吗?小猴子应该怎么走才能拿到香蕉?

建议用时 1~2分钟

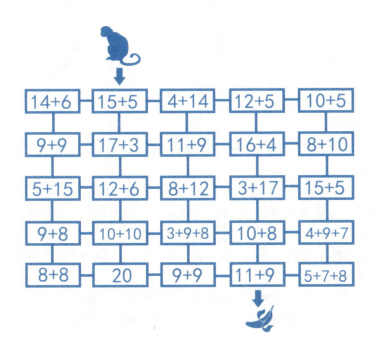

7 强迫症的救赎

因果思维

强迫症是一种以强迫思维和强迫行为为主要临床表现的精神性疾病。强迫症会使一些无意义的甚至违背患者自身意愿的想法或行为反复侵入患者的日常生活,比如,反复洗手,反复擦桌子,反复检查门是否锁好了等。这些反复行为使患者非常焦虑和痛苦,甚至影响患者的学习、生活,以及人际交往。

非非每天擦桌子的次数是平常人的50倍,看来,非非很有可能是患上了强迫症。

以下哪种说法是对非非患有强迫症最有力的质疑?

A. 非非很喜欢擦桌子,她在擦桌子的时候感到很开心,没有感到焦虑和痛苦;

B. 非非只是擦桌子的次数较多,洗手的次数和确认是否锁门的次数都不多;

C. 非非是饭店的服务员,她每天的工作就是擦桌子;

D. 非非擦桌子的次数虽然多,可是并没有影响她的学习和生活,也没有影响她的人际交往。

建议用时 1~2分钟

上元节的花灯

全局思维　创造式思维

　　西安是一座历史文化名城。每到正月十五上元节这一天，西安的城墙边便会扎满大大小小的花灯。五颜六色的花灯造型各异，有大如龙钟的蟠桃，有惟妙惟肖的玉兔，还有威武霸气的盘龙伏虎。市民们赏花灯、猜灯谜，街上的人摩肩接踵、络绎不绝，好不热闹。

　　上元节这一天，孙沁跟着家人出来赏花灯。花灯上的一道灯谜引起了孙沁的注意。

　　你能猜出第六个灯笼上应该填写哪个汉字吗？

建议用时　1~2 分钟

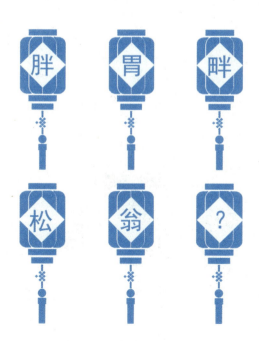

小马过河

推理思维

一天,妈妈让小马驮一袋粮食送到河对岸去。因为前两天刚下过暴雨,小河上的桥被冲垮了,小马要过河,只能从河里蹚过去。

看着湍急的河水,小马犯了难:"这河水深不深呀?我到底能不能蹚过去?"

这时候小马正巧看到牛伯伯、驴叔叔和羊阿姨在河边聊天。小马便走过去询问它们河水的深浅。

牛伯伯说:"河水不深,顶多到你的大腿,你能安全地蹚过去,放心吧。"

羊阿姨却说:"不不不,河水可深了,一定会淹没你的。小马,你一定不能冒险!"

驴叔叔说道:"羊阿姨说的是对的。"

牛伯伯、驴叔叔和羊阿姨只有一位说的话是对的。请问,小马可以蹚过河水吗?

建议用时 1~2分钟

数学系的舞会

相关思维

某大学数学系举办了一场校园联谊舞会,可是,数学系的女生实在是太少了,不可能每个男生都邀请到舞伴。学生会女生部的部长想了个办法,她为每位参加舞会的女生都准备了一张卡片,卡片上写着一个数学题目,只有解开这道题目的男生才可以在舞会上邀请这位女生跳舞。

男生齐凯暗恋女生颜清很久了,他非常想在舞会上邀请到颜清跳舞。下面是颜清的卡片,你能帮齐凯在一分钟之内解开卡片上的题目吗?如果速度不够快,颜清就有可能被其他男生邀请走了哦!

建议用时 1~2 分钟

4	3	7	10	17
2	5	7	12	19
4	1	5	6	11
9	3	12	15	?

神奇的尚左数

相关思维

菲菲的叔叔是位数学老师,他经常跟菲菲讲一些有趣的数字。有一天,他告诉菲菲有一种数字名叫尚左数。

在连续排列的一组数字中,如果某个数字左边的所有数字都比它大(或者没有数字),右边的所有数字都比它小(或者没有数字),那么这个数字则为尚左数。

叔叔随手写了3组数字,这3组数字中哪些是尚左数呢?

建议用时 1~2分钟

| 8 | 9 | 4 | 6 | 3 | 5 | 2 |

| 7 | 8 | 3 | 6 | 9 | 4 | 1 |

| 6 | 5 | 4 | 7 | 3 | 2 | 1 |

总监的难堪

在乾唐文化科技有限公司的月度总结会上,品牌部的孙总监喋喋不休地讲道:"我觉得我们公司的员工做事越来越不认真了。就我部门的员工而言,他们的月报都写得非常潦草,不仅篇幅非常短,还有很多错别字。我们公司谨慎、认真的员工真是越来越少了。"

人力资源部的负责人对于孙总监的抱怨非常不满,当场反驳道:"孙总监,你可不能这么说,你这句话是有逻辑漏洞的!"

你知道孙总监的逻辑漏洞是什么吗?下面几个选项中哪一项能恰当地指出孙总监推理中的逻辑漏洞?

A. 不当地断定除了乾唐文化科技有限公司，其他公司的员工也不够仔细认真；

B. 只提出了公司存在的问题，没有给出解决问题的方法；

C. 没有为员工着想，员工也需要照顾家庭；

D. 不当地假设，将品牌部员工的一般状况当作整个公司员工的一般状况；

E. 没有考虑到员工不认真做事是有原因的，可能是因为员工工作太忙了。

建议用时 1~2分钟

四宫格数独

数独是一种非常锻炼人的大脑思维的游戏,它需要我们专注、认真、仔细,需要我们动用全局思维、推理思维、循环思维等多项思维能力,是非常全面的思维训练工具。

四宫格数独是较为简单的一种数独题目,共有 4×4 个格子。四宫格又被粗线分为 4 个区域,如下图所示。我们需要在这 4 个区域的 4 个小格子里分别填入 1~4 这 4 个数字,而且要保证整个数独的每一行、每一列都包含 1~4 这 4 个数字。

下图是一个有 4 个格子已经被填上了数字的数独表,试着在 1 分钟之内完成这张数独表。

建议用时 1~2 分钟

	3		
	4		
3	2		

到底谁是对的?

逆向思维　逻辑链思维

名牌大学毕业的顾北参加了乾唐文化科技有限公司的校园招聘。面试时,人力资源部的主管林靖亲切地跟大家解释说:"我们今年招聘的职位比较少,因此不可能所有的应聘者都被录用。"

坐在面试准备室最后排的顾北没听清楚林靖说了什么,他小声地向身边人询问。

长发小姐姐回答道:"她说,这次面试必然有人不会被录用。"

扎着丸子头的可爱女孩插话道:"不对不对,她的意思是,这次面试中有人可能被录用,也有人可能不会被录用。"

前排穿西装的男生转过头来,反驳道:"不是的,她的意思是,这次面试中肯定有人会被录用。"

戴眼镜的男生也加入了他们的讨论:"你这么说太武断了。我觉得她的意思是,这次面试中可能有人会被录用。"

顾北挠了挠头,听得云里雾里。

你帮顾北分析一下,哪位面试者说的话能推断出人力资源部主管林靖所说的话呢?

建议用时　1~2分钟

幼儿园里排排坐

推理思维

某幼儿园小班一共来了 7 位小朋友，大家按照前后顺序排排坐，老师开始给大家分苹果。

柔柔后面紧跟着浩浩，饼干挨着优优坐在优优的后面，可可坐在驰驰后面，而绵绵后面紧跟着优优，柔柔和饼干之间共有两个小朋友，绵绵和驰驰之间也有两个小朋友，最后面坐着的是浩浩。

请问，小朋友们排排坐的顺序是什么样的？

建议用时 1~2 分钟

16 兔妈妈的孩子

兔妈妈有 5 个孩子，它们今天都去帮羊阿姨收白菜了。晚上 5 只小兔回到家，兔妈妈询问了它们收白菜的情况。

兔老大说："我今天收了 108 棵白菜！"

兔老二说："我收的白菜比老三多。"

兔老三说："老四和老大所收白菜的总和比我和老二所收白菜的总和要多一些。"

兔老四说："我们之中有 2 只兔子收白菜的数量少于 120 棵。"

兔老五说："老大收的白菜比我多。"

兔妈妈开心地笑了，她准备给收白菜最多的 3 只小兔一些奖励。

你能帮助兔妈妈根据 5 只小兔收白菜的数量，将小兔们按从多到少的顺序进行排列吗？

建议用时 1~2 分钟

妈妈，我们今天表现得都很棒哦！

 **今天是周几?**

昨天是小虹的生日,后天是小伟的生日,他们的生日日期距离星期天有同样多的天数。那么,今天是星期几?

周日	周一	周二	周三	周四	周五	周六
		1	2	3	4	5
6	7	8	9	10	11	12
13	14	15	16	17	18	19
20	21	22	23	24	25	26
27	28	29	30	31		

建议用时 1~2分钟

18 成年人的困境

因果思维

成年人的世界哪有"容易"二字,每个人都说自己每天太忙了。可是,这些繁忙好像并不能促进事情的完成。没有完成的工作、没有回复的电话、缺失的亲子时光、错过的陪伴亲人的时间,与变得繁忙之前相比并没有减少。因此,事实上,人们并没有他们声称的那么忙。

以下哪一项如果为真,最能削弱上述短文中的结论?

A. 成功人士看起来都是忙忙碌碌的;

B. 大家浪费了太多时间在跟同事和朋友讨论繁忙这件事上,而没有时间好好工作;

C. 如今人们繁忙是因为他们不得不比繁忙之前从事更多的工作;

D. 如今人们的闲暇时间其实是变多了;

E. 如今人们从事的工作变难了。

建议用时 1~2 分钟

美味曲奇饼

蛋糕店老板琪亚娜接到了一个订单，为某个思维训练俱乐部的学员做一批甜点。琪亚娜想了很久都没想到在曲奇饼干上面做什么样的装饰图案。

琪亚娜的老公是个数学迷，他给了琪亚娜一个建议：不妨直接将一些趣味的思维训练题目做成蛋糕的装饰图案。琪亚娜觉得这个主意非常棒。下图是琪亚娜做出来的第一套饼干，这三块饼干上面的题目之间隐藏着一定的规律。

如果你是思维训练俱乐部的成员，你能看出第三块饼干的空缺位置应该填哪个数字吗？

建议用时 1~2 分钟

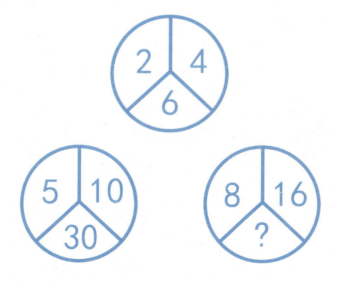

 迷宫成双

试验思维

吴怡是一位游戏开发设计师,她在自己的游戏里设计了一个名为"迷宫成双"的小迷宫。迷宫的中心随机生成一位玩家,如果你能从迷宫最外面走进去,见到站在迷宫中心的玩家,你就可以和这位玩家结为好友。

试看下图,你能成功走到这个迷宫的中心吗?

建议用时 1~2 分钟

① 第一章　初级训练

② 第二章　中级训练

③ 第三章　高级训练

21 数字拼图

全局思维

叮当有一张特殊的数字拼图,这张拼图拼起来之后,每一行、每一列都会含有 1、2、3、4、5、6 这 6 个数字,且数字不重复。

下面是叮当拼了一半的拼图,你知道剩下的几个碎片应该拼到哪里吗?

建议用时 3~4 分钟

22 寻找好心人

逻辑链思维　推理思维

刘先生开车时，因为刹车失灵而发生了车祸，幸好路过的好心人及时将他送去了医院。刘先生醒来后万分感激这位好心人，他想通过警方找到这位仗义相助之人，表达自己的谢意。警方最后锁定了四个有可能的人：出租车司机老王、饭店门迎小刘、当时刚放学的高中生峰峰、路边小贩赵安全。但是这四个人推让不已。

出租车司机老王说："我们四个都没送你去医院。"

饭店门迎小刘说："不，我们四个人中有人送你去了医院。"

高中生峰峰说："小刘哥哥和赵安全叔叔中至少有一人没有送您去医院。"

路边小贩赵安全说："反正不是我送你去的医院。"

警察哈哈一笑，他说这四个人当中有两个人说了真话，两个人说了假话。

你知道是哪两个人说了真话吗？真正送刘先生去医院的好心人又是谁呢？

建议用时　3~4 分钟

23 解救米娅

杰伊和米娅是一对情侣,不过他们是异地恋,只有假期才能见面。杰伊和米娅经常在工作之余利用社交网络玩一些双人小游戏,以增进彼此的感情。

下图是杰伊和米娅玩的一个叫作"逃出迷宫"的游戏。游戏中,米娅扮演被坏人绑架的女朋友,坏人将米娅困在迷宫的深处,米娅不能行动,只能看着地图上的杰伊。而杰伊需要扮演米娅的警察男友,他需要在3分钟之内穿过迷宫,并且成功将米娅带出迷宫,否则他将会惊动绑匪,解救就会失败。

杰伊怎么走才能将米娅快速地解救出来呢?

建议用时 3~4 分钟

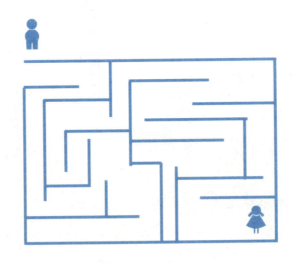

市场部的聚餐

逻辑链思维　推理思维

乾唐文化科技有限公司市场部有五名工作人员——三名男士、两名女士。在一次部门聚餐时，领导建议大家玩一个游戏，以加深对彼此的了解，赢的人还能拿到大红包。

领导让这五名销售人员互相猜对方的籍贯。这五个人先前都不了解其他人的籍贯，只知道团队中的两名女士是来自不同省份的。

领导又给了他们一些提示："你们五个人中间，有两名来自河北，两名来自海南，一名来自陕西。"

根据领导的提示，五个人都做出了自己的判断。

小甲说："我猜，我们部门有两名男士来自不同省份。"

小乙说："我猜，两名女士中一定有一名来自河北。"

小丙说："两位女士来自不同省份，三位男士也来自不同省份。"

小丁说："我觉得我们部门最多只有一名男士来自海南。"

小戊说："来自陕西的一定是男士，不是女士。"

一番讨论过后，他们五个人都说出了自己的籍贯。结果，只有一个人的判断是对的。你知道是谁判断对了吗？

建议用时　3~4 分钟

某冰激凌店在盛夏期间举办了促销活动，打出了这样一则广告：本周之内，凡在本店购买的冰激凌都含有一个字母巧克力裱花，若是能在 1 分钟之内猜出字母裱花空白处应该填入哪个字母，则该冰激凌可以免单。

雯雯和朋友一共买了三个冰激凌，如下图所示。你能猜出这三个裱花中各应该填入哪个字母吗？

建议用时 3~4 分钟

26 妈妈的烦恼

因果思维

雯雯刚刚升级做了妈妈,她非常爱自己的宝宝。

一个晴朗的早晨,她推着婴儿车,带着自己刚满 3 个月的宝宝去公园玩。公园里散步的大妈见宝宝可爱,立刻凑上来逗孩子玩。

大妈问雯雯:"这孩子真可爱,不过看着有些瘦哟,孩子多重呀?"

雯雯笑着说:"刚刚 4 公斤。"

大妈立刻皱起了眉头,严肃地说道:"这可不行呀,正常婴儿 3 个月时的平均体重应该在 5~6 公斤,你这孩子 3 个月了才 4 公斤,低于平均水平呀!"

听了大妈的话,雯雯也忧心起来。她上网一查,发现正常婴儿在 3 个月大时平均体重确实应该在 5~6 公斤。

是不是孩子的体重增长真的低于平均水平了?雯雯越想越担心,于是带孩子去了医院。

医生仔细询问了雯雯关于宝宝的情况,最后判断雯雯的宝宝很健康。医生说:"那位大妈的说法是很不严谨的,不要因为道听途说,就觉得自己的孩子不健康。"

你知道医生为什么说大妈所说的话是不严谨的吗?

A. 我国婴儿的平均体重相较于以前已经有了明显的增加;

B. 如果是母乳喂养的话,宝宝的体重增长应该较快;

C. 雯雯的孩子出生时的体重低于平均水平;

D. 即使婴儿的体重增长低于平均水平,也不能说明孩子的发育不正常;

E. 孩子 6 个月大的时候,体重就会达到正常水平了。

建议用时 3~4 分钟

27 同意不同句

 逆向思维   逻辑链思维

将同一句话换一种说法,是我们在日常生活中锻炼逻辑思维非常有效的办法。长期做这样的训练,可以迅速理解他人所表达的一些语意不明的话,在跟别人交谈的时候快速抓住对方话语中的重点。

刘老师是一位数学老师,他经常给自己的学生做这样的训练。一天,刘老师出了这样一道题目:"俗话说,只要有勇气和智慧,就没有办不成的事。如果这句话被断定是真的,我们换一种说法来表述,这种说法也一定要是真的。哪位同学能回答?"

明明举手说:"如果缺乏足够的勇气和智慧,就办不成任何事。"

阿芙举手说:"如果缺乏足够的勇气和智慧,就总有事情办不成。"

慧心举手说:"如果没有办不成的事,就说明至少有足够的智慧或足够的勇气。"

科艺举手说:"如果有事情办不成,就说明既缺乏足够的勇气,又缺乏足够的智慧。"

凌莉举手说:"如果有事情办不成,就说明缺乏足够的勇气,或者缺乏足够的智慧。"

请问,以上几位同学谁说的话一定是正确的?

建议用时 3~4 分钟

28 哪个西瓜成熟了?

夏天的傍晚，钱爸爸带着两个孩子去买西瓜，卖西瓜的老伯正准备收摊，他只剩下了三个一模一样的西瓜，而且有生有熟。

钱爸爸挑选了片刻，说道："我觉得第一个西瓜是生的，第三个西瓜是熟的。"

大儿子说道："可是，我觉得第二个西瓜和第三个西瓜应该都是熟的。"

小女儿捏着手指说："我觉得，第一个西瓜是生的，第二个西瓜和第三个西瓜一生一熟。"

卖瓜的老伯哈哈大笑，当场就切开了三个西瓜。结果，他们每个人所说的话都只对了一半。

请你根据上面的信息判断，哪个西瓜是生的，哪个西瓜是熟的?

建议用时 3~4 分钟

一　　二　　三

Lucky 在一家日用百货公司工作，负责公司某品牌的洗发水和护发素的销售。这种品牌的洗发水和护发素原价为 150 元一套。因为最近市场波动，公司对洗发水和护发素的价格进行了调整，洗发水降价了 10%，护发素提价了 20%。调价后，一套洗发水和护发素的价格比原来低了 1%。提问，在调价之前，一瓶洗发水和一瓶护发素各是多少钱？（注：一套只包含一瓶洗发水和一瓶护发素。）

建议用时 3~4 分钟

30 六宫格数独训练

全局思维　推理思维

六宫格数独是数独题目中的一种，共有 6×6 个格子。六宫格又被粗线分为 6 个区域，如下图所示。我们需要在这 6 个区域的 6 个小格子里分别填入 1~6 这 6 个数字，而且要保证整个数独的每一行、每一列都包含 1~6 这 6 个数字。

下面的六宫格数独表格中已经填入了一些数字。你能把其他方格中的数字补充完整吗？

建议用时 3~4 分钟

				6	4
				5	
5			1		
		4	3		6
		2	4		
				1	

31 艺人的公关

因果思维

对于艺人经纪公司来讲，艺人的声誉是很重要的。由于某电视剧的热播，电视剧中的女主角也跟着"火"了起来，然而该女演员刚"火"没多久，网上就开始有各种八卦和谣言来攻击她。

经纪公司很苦恼。如果不反驳那些谣言，谣言就会传播开来，最终伤害到"粉丝"的感情；但如果经纪公司努力驳斥那些谣言，反而会使公众更加怀疑该女演员。

经纪公司专门针对这个问题组织了一次会议进行讨论，会议中大家各抒己见。

乐其说："其实艺人的声誉不会受到宣传活动和各种广告的影响。因此我们多接广告也无所谓。"

思思说："我觉得面对错误的谣言，最佳对策是直接说出真实情况。"

大王说："其实我们没有办法阻止已经出现的谣言损害艺人的声誉。"

小飞说："我们要不就多传播一些正面消息，正面消息有助于提高艺人的声誉。正面消息多了，艺人的声誉就不会受到影响了。"

根据该女演员的现状，乐其、思思、大王、小飞他们四个人哪一个人提的方案是正确的？

建议用时　3~4 分钟

32. 游戏领奖机制

 矩阵思维   分类思维

在某角色扮演类游戏中，有如下的设定。

玩家只有每周的在线时长超过 4 个小时，才能获得每周的基础奖励。

玩家只要每周的在线时长超过 5 个小时，就能获得每周的杰出奖励。

在抽样调查的 17 名玩家中，十二月的第一周有 7 名玩家的在线时长超过了 5 个小时，而剩余的 10 名玩家的在线时长都不足 4 个小时。

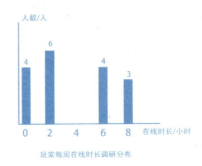

玩家每周在线时长调研分布

根据以上数据，下列哪些说法一定是对的？

① 获得杰出奖励的玩家一定获得了基础奖励；
② 获得基础奖励的玩家一定获得了杰出奖励；
③ 获得杰出奖励的玩家的数量不足总样本玩家数量的一半；

A. 仅①；
B. 仅②；
C. 仅③；
D. ②和③；
E. ①、②和③。

建议用时 3~4 分钟

齐齐在家吗?

齐齐是一个两岁的小孩儿。爸爸妈妈要去国外出差,便将齐齐送到了爷爷奶奶家里暂居。妈妈叮嘱奶奶,如果爷爷和奶奶只有一个人外出,就可以将齐齐留在家里;如果爷爷奶奶都外出,则必须找到一位保姆,才可以将齐齐留在家里。

由以上内容你可以推出下列哪项结论?

A. 齐齐在家的时候,爷爷也在家;
B. 齐齐在家的时候,爷爷不在家;
C. 保姆不在家,齐齐不会单独在家;
D. 爷爷奶奶都不在家的时候,齐齐也不在家。

建议用时 3~4 分钟

34 火柴棍的求婚

消防员李治准备向自己的女友求婚。他精心准备了求婚仪式，并且请来了所有的亲朋好友助阵。为了考验李治的诚意，女友的闺蜜出了一道题目，若李治能做出来，那么她们便力挺李治。

李治需要用 12 根火柴摆成 6 个大小一样的三角形。在这 6 个大小一样的三角形中拿走 3 根火柴，还需剩下 3 个大小一样的三角形。

你知道该怎么摆吗？

建议用时　3~4 分钟

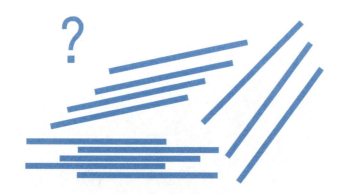

素素是糖果厂新来的员工,今天是她第一天上班。本来一切都很顺利,然而快下班的时候,领导让素素告诉他,今日厂里一共生产了多少包糖果。

素素赶紧翻出了今日糖果生产量的记录表,但是由于不小心,她打翻了手里的咖啡,有两个数字因为被污染了而看不清。凭着自己的一点印象,素素知道,糖果总数量是个5位数,而且这个5位数每个数位上的数字各不相同。素素还知道,每包有75个糖果,因此糖果的总数是75的倍数。

你能帮素素算出今日糖果厂最多生产了多少颗糖果吗?这些糖果一共装了多少包?

建议用时 3~4 分钟

 数列之谜

下图方格中的数字是按照一定的规律进行排列的，你知道两个问号处该填哪两个数字吗？

建议用时 3~4 分钟

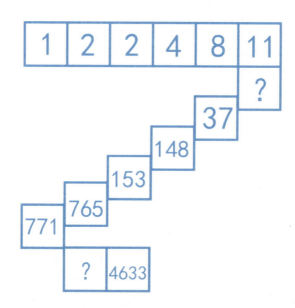

 猜颜色

推理思维

几位同学在一起玩猜书签颜色的游戏，其中一个同学将书签标上 A、B、C、D、E，然后让其他同学猜颜色。

一涵说："B 是黄色，E 是绿色。"
子豪说："B 是蓝色，D 是红色。"
悠悠说："A 是红色，E 是黑色。"
丁丁说："C 是蓝色，D 是黑色。"
睿睿说："B 是绿色，C 是黄色。"

这五个人中每个人只答对了一个颜色，你知道 A、B、C、D、E 分别是什么颜色吗？

建议用时 3~4 分钟

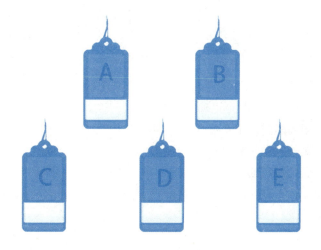

38 学霸的答案

推理思维　闭环思维

高中生齐凯有一道判断题不会做，于是向自己的前桌——女学霸王珊珊请教。王珊珊匆忙回答了齐凯的问题后，便被同学叫走了。齐凯并没有听清楚王珊珊的答案。

王珊珊的同桌说："王姗姗说这道判断题是错的。"

齐凯的同桌说："王珊珊说错了。这道判断题是对的。"

齐凯迷惑了。可是他知道，他们班的男生从来不撒谎，而女生从来不会连续说两句真话，也不会连续说两句假话。

请问以下哪些推断是正确的？

① 王珊珊的同桌是女生；

② 齐凯的同桌是男生；

③ 这道题是对的。

A. 仅①；

B. 仅②；

C. 仅③；

D. ②和③；

E. 不能判断。

建议用时　3~4分钟

某服装公司每年都会做个年轻人服装购买意愿的问卷调查。在今年的问卷调查中该公司发现,超过半数的人喜欢买汉服、穿汉服。这说明,随着中华文化的复兴,我们的传统文化越来越深入人心,年轻人普遍愿意穿汉服了。

该服装公司的设计总监对此次调查的结果并不认同。他研究了此次调研的情况,总结了下面几点。以下哪一项会严重影响上面的结论?

A. 目前我国汉服市场中衣服质量良莠不齐,汉服价格偏低,与其他服装相比利润不高;

B. 被调查的人数不到 1000 人;

C. 此次问卷调研的对象都是来参加此次"汉服文化节"的人;

D. 问卷的回收率超过了 90%;

E. 调研问卷设置得不合理,题目太少了。

建议用时　3~4 分钟

40 少食多餐的益处

逻辑链思维　因果思维

少食多餐的进食方式对人的身体是有好处的。营养学家研究发现，在其他条件不变的情况下，如果增加每天吃饭的次数，但是进食的总量保持不变，那么一个人的血脂水平将显著低于他正常就餐时的血脂水平。因此，少食多餐有利于降低血脂。然而事实上，大多数人每日增加就餐次数就会吃更多的食物。

上述论述最能支持以下哪个结论？

A. 对于大多数人来说，增加每天吃饭的次数一般不能显著降低血脂水平；

B. 对于患有高血脂的人来说，增加每天吃饭的次数是降低血脂的最佳途径；

C. 对于大多数人来说，每天吃下的食物总量是固定的；

D. 对于大多数人来说，每天所吃食物的总量不会影响到血脂水平；

E. 对于大多数人来说，每天的就餐时间不同会影响血脂水平。

建议用时　3~4 分钟

少食多餐多运动

营养学家研究发现，在其他条件不变的情况下，如果增加每天吃饭的次数，但是进食的总数量保持不变，一个人的血脂水平将显著低于他正常就餐时的血脂水平。

① 第一章　初级训练

② 第二章　中级训练

③ 第三章　高级训练

41 球球快出来

分类思维　创造式思维

　　王大娘在批发市场上挑选了 12 个看起来一模一样的玩具球，准备带回自己的玩具店出售。就在王大娘准备将玩具球带走时，生产玩具球的厂家打来电话，说这批小球里面有一个次品。从外观来看，根本看不出这 12 个球中哪个是次品。厂家只说，次品的重量跟其他玩具球的重量肯定是不一样的。

　　批发市场的老板借来了一个天平，想通过称重的方式将次品找出来。可王大娘却着急了，她还要去别的地方采购货物，老板称完这些球不知道要到什么时候，因此王大娘打算先离开。

　　批发市场的老板一把拉住了王大娘，解释道："大娘你别急，我只需要称三次就能把那个次品找出来，你稍等片刻就好。"

　　王大娘觉得不可思议，就坐下来等候。结果，批发市场的老板真的只称了三次就找到了那个次品。你知道老板是怎么做的吗？

建议用时　5~6 分钟

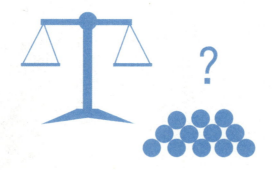

42 不准动我的菜

相关思维　逻辑链思维

　　克勤经过多年的努力，终于在这个寸土寸金的城市买了属于自己的房子。他对新房子非常满意。房子在小区的一楼，旁边有一小片草坪。克勤一家搬进来后，他的妈妈将那一小块草坪翻土打理了一下，种上了喜欢吃的蔬菜。小区的物业人员发现后，立刻让其整改，因为这块草坪是公共绿地，属于小区里所有人。

　　这下克勤的妈妈不乐意了。她生气地质问物业人员："我们家难道不是小区的业主吗？既然这块草地属于小区里的所有人，那也理所应当属于我们！我们难道没有权利在自己的草地上种点菜？你们谁也不能动我的蔬菜！"

　　克勤妈妈的耍赖和偏执让小区的物业人员非常头痛。他们明明知道克勤妈妈是在狡辩，却没有办法跟这位老人把道理讲清楚。物业部门有人提议道："或许我们用老人家听得懂的类比来跟她讲，她就知道自己逻辑上的漏洞在哪里了。"

　　领导觉得这个提议非常好，立刻让大家想一些和克勤妈妈所犯的逻辑错误相似的情况。

　　运动达人方淮说："没有人能一天之内爬完五岳，也没有人能在一天之内爬完华山，所以华山是五岳之一。"

　　文艺青年李苏说："唐朝时期李白诗才盖世，没有人能比得过他。《静夜思》是李白的作品，所以没有任何诗歌作品比得过《静夜思》。"

　　两个孩子的父亲黄宏说："老师说班里所有人都要当值日生，小伟今天没有值日，所以他不是这个班上的同学。"

　　年轻漂亮的菲菲说："奢侈品品牌 × 推出了新款口红，刚一上市就被抢购一空。你的儿媳妇花了大价钱购买了一支口红，所以你儿媳妇买的口红肯定是 × 牌的。"

吴莉说:"没有人能数清楚撒哈拉沙漠到底有多少粒沙子,鸣沙山不在撒哈拉,所以有人能数得出鸣沙山有多少粒沙子。"

大家的类比让物业部领导哭笑不得,这些类比不但不精准,而且一点也打动不了一个老人的心。况且,这么多类比中只有一个人的类比是与克勤妈妈所犯的逻辑错误相似的,你能说出这个人是谁吗?

建议用时 5~6分钟

43 家电售后的纠纷

相关思维

瑞斯夫妇刚刚搬到了新家,他们准备给新家的三个卧室加一个客厅都装上电视。于是,夫妇二人到商场里进行选购。瑞斯先生提醒瑞斯太太,在选购时不仅要关注电视的性能和外观,还要关注商家的售后服务情况。

瑞斯夫妇选择了很久,最终选择了大品牌 S 的智能电视。该品牌的电视质保书上写着:一月内包换,一年内免费维修,三年内上门维修免除人工费,因顾客使用不当或人为损坏造成的故障除外。

瑞斯夫妇欢欢喜喜地买了四台电视回家。然而,没过几个月,他们还是遇到了一些麻烦,他们与 S 牌电视的售后人员产生了一些纠纷。

你能帮助他们判断一下,以下哪种情况是该品牌电视商家应该提供的售后服务呢?

A. 瑞斯夫妇买回电视三个月后,一台电视的遥控器丢失了。他们要求售后部门为他们免费配送丢失的遥控器;

B. 第五个月,客厅的电视出现了花屏的现象。维修人员看过之后,断定电视的电路板发生了故障。瑞斯夫妇要求售后部门免费更换该电视的电路板,以修好电视;

C. 瑞斯夫妇放在小女儿卧室的电视由于安装不当,从墙面上掉落了下来,砸伤了正在电视旁玩耍的小女儿。瑞斯夫妇非常生气,要求商家给予合理的赔偿;

D. 瑞斯夫妇放在客厅的电视买回来还不到十天,就被亲戚家的熊孩子用弹弓打碎了屏幕。瑞斯夫妇要求售后部以半价为他们更换一台新的电视;

E. 瑞斯夫妇发现自己买四台电视买多了,他们只需要三台就够了。于是他们将一台全新的电视送给了自己的父母。然而,老人在一个月

后才将新电视安装了起来,安装好之后发现电视的图像偶尔会在黑白和彩色之间来回变换。瑞斯夫妇要求售后部为他们更换一台新的电视。

建议用时 5~6 分钟

中药的成分

某中医药大学的一次随堂小测试中，教授出了一道题目：某种中药制剂中，人参和党参必须至少有一种，同时还必须满足以下条件。

① 如果有党参，就必须有当归；
② 当归和人参至多只能有一种；
③ 若有人参，就必须有何首乌；
④ 有何首乌，就必须有当归。

学生们根据教授给出的信息进行推断，五个学生各自给出了不同的结论。

小王说："这味药剂中没有党参。"
小李说："这味药剂中没有何首乌。"
小孙说："这味药剂中一定有当归。"
小刘说："这味药剂中一定没有当归。"
小钱说："这味药剂中有人参。"

教授说五个学生中只有一个人说对了，你知道是谁说对了吗？

建议用时 5~6分钟

 骏马的脾性

莉莉想送儿子乔伊去学骑马。乔伊非常喜欢一匹棕色的马,因为那匹棕色的马看上去非常健壮。可是教练却建议乔伊选择另外一匹白色的马。教练说:"我们马场为初学者训练所准备的马必须强健且温驯。有些马虽然很强健,但是并不温驯,因此有些很强健的马并不适合初学骑马的人。"

下列哪个选项与教练所说的话逻辑结构最为相似?

A. 一位演员想要成功,必须要有扎实的演技,还要依靠精心的包装宣传。有些有名气的演员演技一般,他们靠的就是包装和宣传;

B. 公司规定,要获得年度最佳员工称号,就必须绩效高,而且出勤要好。因此,获得年度最佳员工称号的员工,绩效一定很不错;

C. 学生如果要选修数理逻辑课,就必须先修普通逻辑课,而且要对数学感兴趣。有些学生虽然对数学很感兴趣,但是他们没有修过普通逻辑课，因此，某些对数学感兴趣的学生不能选修数理逻辑课；

D.某餐厅贴出了一张与大公司的餐饮合作计划：在某些大公司就职的员工携带工牌来餐厅吃饭，可以享受7折优惠。有些前来就餐的顾客虽然在这些大公司就职，但是他们并没有携带工牌，因此，餐厅的优惠管理条例并没有被很好地宣传和执行；

E.要想成为一名好作家，不但要有一定的社会阅历，而且文笔要好。很多作家虽然文笔很好，但是缺少一定的社会阅历，因此写不出流芳百世的作品。

建议用时 5~6分钟

46 三峡水怪

因果思维

最近网上传得沸沸扬扬的三峡水怪事件终于画上了句号。这个所谓的"三峡水怪"已经被工作人员打捞上岸。原来,"怪物"是造船厂的一个废弃气囊,其为橡皮材质,全身褐色,长约20米,从远处看,确实像个怪物。据悉,气囊被打捞上来后,将作为废弃物品处理。

在此之前,专家们曾对视频中的这个水怪有各种猜测,大致有"未知生物说"和"视觉错误说"两种。他们要么认为这种褐色不明物是某种巨蛇或者鲟鱼,要么认为这不过是光线射入水面时人的眼睛产生的错觉。

无论这些猜测是否准确,它们都有一批拥护者。对"三峡水怪"的争议也成为网络舆论场中的一场狂欢。若不是官方媒体及时公布真相,恐怕它又要变成一个永远的"未解之谜"。

下面哪个选项不是造成这次"乌龙"狂欢的原因?
A. 鉴别真相需要的科学素养和信息检索能力并非每个人都具备;
B. 民间关于水怪的传说流传甚广,人们对其充满了好奇。这条视频激起了人们的猎奇探秘欲望；

C."三峡水怪"出现在长江三峡一带，而三峡又是非常有名的；如果出现在某条小溪或小河中，可能就不会引起这么大的轰动了；

D.关于"三峡水怪"的相关信息含糊不清，大家看到的关于水怪的影像，只存在于某些短视频模糊的画面中。专家和网友对水怪的解释更多的是某种经验式的猜测，而非科学的分析，甚至可以说是"大开脑洞"的游戏；

E.造船场是罪魁祸首。

建议用时 5~6分钟

数独游戏

全局思维　循环思维

九宫格数独是数独中比较经典的一种。九宫格数独的规则是，在加粗线条所圈出来的九个区域中分别填入1~9这9个数字，数字不重复，并且整个表格的每一行、每一列都含有1~9这9个数字。

建议用时 5~6分钟

			2					
	8			2	6		4	
	1		5		9	6		
				4	8			
5			7			4		6
	2		9					3
6				8		5		
						2		
	3			1				4

粮食安全的实践

实践粮食安全,要立足于统一开放的国内外两个市场。这包含两个层面。

一是要形成运行高效且统一的国内粮食体系,通过北粮南运实现优质粮食及产品外销,维持全国基本粮食必需品价格稳定,满足绿色、有机食品消费升级需求。

以粮食自给率为例,广东省的粮食自给率不足 30%,而黑龙江省的粮食自给率接近 400%。要通过主产区与主销区有效对接,促进粮食商品化流通。

二是打造稳定供给的国际市场体系,通过打造多元化粮食进口格局,逐渐减少对某些国家相应农产品的进口依赖风险,促进俄罗斯及中亚、南美等国家和地区对华粮食出口,形成来源稳定、风险可控的国际粮食供应体系。

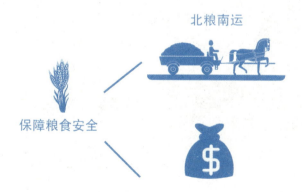

根据以上新闻,下面哪一种说法是不正确的?

A. 要实践粮食安全,应该多从俄罗斯进口粮食,并且不断增加进口的数量,与俄罗斯形成长期深入的粮食进口贸易;

B. 黑龙江省的粮食可以作为一种商品向粮食自给率不足的地区售卖,以增加黑龙江省的财政收入;

C. 粮食的主产区应该多举办一些农产品交流会,吸引粮食主销区来采购,促进粮食的商品化流通;

D. 要实践粮食安全,就不能只从单一国家长期进口某种粮食,我们需要加强与多个国家对华粮食出口的贸易关系。

建议用时 5~6 分钟

苹果垄断案

因果思维

苹果 CEO 库克在德国柏林会见了苹果应用开发者，参观了当地的苹果零售店，并在接受当地记者采访时回答了一系列备受关注的问题。

2019 年 5 月，经美国最高法院批准，一起持续了 8 年的反垄断案件在法院继续审理。原告方认为，苹果将 iOS 用户下载应用限制在自主应用商店内，这使得其自身获得了垄断地位，从而可以强制开发者缴纳 30% 的营收分成，人为抬高应用价格。原告方要求苹果开放第三方应用商店，或者允许用户直接向开发者购买应用。

美国最高法院的判决为更多此类诉讼打开了大门，其他几起诉讼也瞄准了苹果对开发者收取的分成。

库克在谈到这个问题时说："没有任何理性的人，才会视苹果为垄断者。"以下哪一项不能作为支持库克这一观点的论据呢？

A. 苹果为 App Store 和更广泛的 iOS 生态的紧密控制提供了帮助；

B. 用户从苹果这里购买体验，这种体验包括值得信赖的应用购买平台。苹果通过这个平台来管理和审核所有应用。苹果会过滤掉不恰当的应用，如带色情内容的应用；

C. 任何人都可以在自己的 iPhone 浏览器中访问内容，但是苹果本身并不提供这些内容；

D. 苹果开发了许多自主应用，并且这些自主应用的地位越来越高。因此，苹果目前不仅仅是软件分发平台，而且成为某些软件开发者的竞争对手；

E. 苹果虽然自主研发了一部分应用，但苹果自研的应用非常有限，只有 30~40 款。苹果商店中其他的应用则有 200 多万款。

建议用时 5~6 分钟

50 脐带血储存

因果思维

黎宁和微微这对夫妻马上要迎来他们的第一个宝宝了。在一次产检过程中，医院有人向他们建议存储胎儿脐带血。销售人员介绍，脐带血是指胎儿娩出时，脐带结扎离断后残留在胎盘和脐带中的血液，其中含有的造血干细胞对白血病、重症再生障碍性贫血、部分恶性肿瘤等疾病有显著疗效，是人生中错过就不再有的宝贵的自救资源。储存脐带血，可以为孩子的一生提供保障。

微微对这个很重视，马上就要办理存储手续。而黎宁比较谨慎，他建议微微先听听主治医生怎么说再做决定。

在产检中，微微咨询了医生。医生指出，其实脐带血并没有销售人员说的那么神奇，医生跟微微解释了一下原因。微微又按照自己的理解跟等在就诊室外面的黎宁解释了一遍。下面是微微对黎宁说的话，除哪句之外，其他都能证明脐带血并没有销售人员说的那么神奇？

A. 一般造血干细胞的来源有三个，分别是骨髓造血干细胞、外周造血干细胞、脐带血造血干细胞；

B. 然而在临床上，脐带血只是某些恶性疾病的辅助治疗手段，并不是最有效的治疗手段；

C. 而且目前我国因为血液病需要做造血干细胞移植的概率很小；

D. 储存脐带血不仅费用昂贵，而且技术要求非常苛刻。事实上，还没有储存有临床医学价值的脐带血三年以上的成功案例；

E. 目前脐带血储存一般是 50 毫升，这么少的量对于成年人的治疗几乎是没有效果的。

建议用时 5~6 分钟

创意思考训练

如何有趣而轻松地工作和生活？

日益加快的社会节奏和紧张繁忙的工作环境，让我们每天都像陀螺一样在不停地旋转着。然而这种忙碌很少能为我们带来充实和愉悦，更不会让我们变得机敏和聪慧。

随着年龄的增长，很多人像是被抽掉了生气，整日庸庸碌碌，毫无建树。我们开始明白，无趣和不被需要才是人生最大的危机。谁不想将日子过得肆意潇洒、热气腾腾？

要有趣而轻松地工作和生活，最真实而有效的办法就是掌握创意思维，成为一个有趣的人，过充满创意的生活。

拥有创意思维的人清醒而幽默，他们总是能四两拨千斤，轻松应对生活中的尴尬和刁难。

在一次宴会上，大文豪马克·吐温和一位女士同坐一桌。出于礼貌，马克·吐温赞美这位女士道："您今天可真漂亮。"

这位女士却毫不领情，冷声呛道："只可惜我不能用同样的方式来夸奖你。"

马克·吐温笑了笑，温和地说："那没关系，你只需要像我一样，说一句谎话就可以了。"

马克·吐温用一句笑谈轻松化解了尴尬，为自己赢回了尊严。

拥有创意思维的人机敏而自信，他们总能另辟蹊径，别出心裁，于诸多的质疑声中找到通往目标的幽径。

某大学里，女生公开投票选班花。长得好看的女孩们争奇斗艳，而相貌平平的小花却发表了这样的演说："如果我当选了，再过几年，在座的各位姐妹就能对自己的先生说，'我上大学的时候，可比我们班的班花漂亮多了'。"

小花发表完演讲，全班鼓掌，结果小花顺利当选为班花。

就像上面两个例子那样，面对工作和生活，我们需要一点灵动，一点创意，这会让我们的工作和生活更加生动。

创意思维并非稀缺能力，我们每个人都可以通过不断的训练来培养和提升自己的创意思维能力。创意思维有两个敌人：墨守成规和实用主义，而这两种思维的形成与我们以往的经历有很大的关系。只要我们在往后的生活中稍稍挑战一下这两个敌人，我们枯燥乏味的生活就能得到有效的调节。

创意并非灵光一闪、昙花一现，大多数的创意都来源于缜密地分析问题，细致地寻找规律，然后打破规律重构。而我们大多数人都只关注到了打破规律并进行重构后的结果，而忽略了缜密分析及寻找规律的整个过程。

| 缜密分析 | 找寻已有规律 | 打破已有规律 | 重构 |

创意的形成之路

其实，我们工作和生活中的大部分事件都是有规律可循的，只要我们耐心观察，发现生活中的亮点，再稍稍做一点改变，就能创造巨大的奇迹。

创意思维是一种能力，更是一种智慧，我们怎样对待生活，生活就会怎样对待我们。生活从来不会辜负每一个用心而努力的人。

　　本书中循序渐进的题目能系统地锻炼大家的大脑,提升大家的创意思维能力。希望每一个认真读完本书的人,都能通过自己的努力变得自信而有趣,活得风生水起,闪闪发光!

第四章 初级训练

 第五章 中级训练

第六章 高级训练

 垫桌脚

创造式思维

苏菲新买了一张桌子,桌子非常漂亮,苏菲很喜欢。但是这张桌子和苏菲家里原有的椅子搭配起来并不合适——椅子有点高,桌子有点低。苏菲想找块木板把桌子垫高一点,可找来找去,只找到一块由三个正方形粘在一起的木板,如下图所示。

苏菲想把这块木板切成大小相同的四块来给桌子加高,请问她该如何切分这块木板呢?

| 建议用时 | 1~2 分钟 |

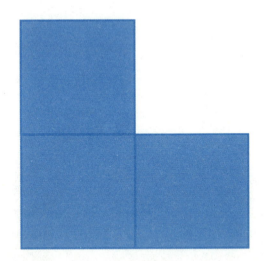

2 小元宵的作业

时间序列思维

在学习了加减法之后,老师给同学们布置了一项作业,让同学们回家后测量一些东西。凡是家里的东西都可以测量,然后列出加减的式子,用来做练习。

第二天,老师发现小元宵的作业本上写了下列几个算式。

老师狠狠地批评了小元宵。小元宵觉得很委屈,小声地为自己辩解了一句。老师听了她的话,顿时恍然大悟,原来是老师错怪小元宵了。

仔细观察下面的算式,你觉得小元宵会说什么呢?

建议用时 1~2 分钟

$$9+6=3$$
$$5+8=1$$
$$6+10=4$$
$$7+11=6$$

3 Lisa 赔了多少钱？

一天，Lisa 的店里来了一位顾客。他挑了 20 元的货，付给 Lisa 一张 50 元的整钱。Lisa 没零钱，找不开，就到隔壁 Wendy 的店里把这 50 元换成了零钱，回来后找给顾客 30 元零钱。

过了一会儿，Wendy 来找 Lisa，说刚才的 50 元钱是假钱，Lisa 马上给 Wendy 换了一张 50 元真钱。

请问，在这一过程中，Lisa 一共赔了多少钱？

建议用时 1~2 分钟

房间的灯

创造式思维

卧室里有三盏灯,分别对应卧室外的三个开关——A、B、C。每个开关只控制一盏灯,而且在卧室外完全看不到卧室内的情况。

如果只能进卧室一次,你有办法区分哪个开关具体控制哪盏灯吗?

建议用时　1~2 分钟

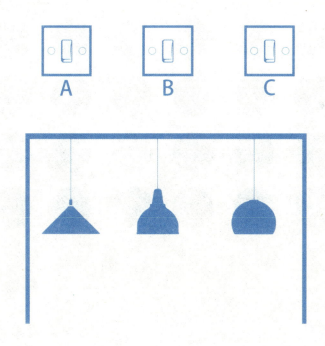

5 小球排队

循环思维

一个盒子中共有24个小球。爷爷要求焕焕将这24个小球排成6列,每列都要有5个小球,焕焕应该怎么排列才符合爷爷的要求呢?

建议用时 1~2分钟

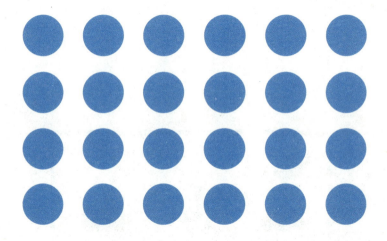

鸭妈妈数孩子

循环思维

鸭妈妈带着自己的孩子出去玩,为了防止孩子丢失,鸭妈妈总是一边走一边数自己的孩子。

鸭妈妈从后往前数,数到自己是 8;从前往后数,数到自己是 9。鸭妈妈有点糊涂,自己一共有 17 个孩子吗?

请问,鸭妈妈到底有多少个孩子?她为什么会数错呢?

建议用时 1~2 分钟

7 山羊买外套

创造式思维

小白羊、小黑羊、小灰羊一起逛街并各买了一件外套。3件外套的颜色分别是白色、黑色、灰色。

回家的路上，一只小羊说："我很久以前就想买件白色外套，今天终于买到了！"说到这里，它好像发现了什么，惊喜地对同伴说："今天我们可真有意思，白羊没有买白色外套，黑羊没有买黑色外套，灰羊没有买灰色外套。"

小黑羊说："真是这样的，你要是不说，我还真没有注意到这一点！"

你能根据它们的对话，猜出小白羊、小黑羊和小灰羊各买了什么颜色的外套吗？

建议用时 1~2分钟

　　育才高中的王老师,为了缓解高三学生繁重的学习压力,活跃学生的思维,同时又不耽误大家学习,想到了一个好办法。他在年级的公告板上划出了一个区域,每天都会在这里写一道趣味数学题,同学们无论是去上厕所,还是上学、放学经过,都可以立在公告板前稍微停留一两分钟,将这道题目做出来。

　　下面是王老师今天出的题目,你知道问号处该填什么数字吗?

　　提示:这四个图形代表的数字都是正整数。

建议用时 1~2 分钟

■ + ♥ − ▼ = 6

▼ − ▲ + ■ = 3

♥ × ■ × ▼ = 12

♥ + ▼ + ■ = ?

比萨店的题目

罗伊是一家比萨店的学徒。他平日里工作非常认真,但是大厨师一直很傲慢,不肯轻易教他厨艺。

"听着,罗伊。"大厨师说道,"不管是比萨上还是蛋糕上,裱花都一定要精致,而且要连贯。无论是用奶油还是番茄酱作为裱花的材料,裱花都必须一次完成,不能停顿,而且不能重复。"

"你先拿这个图形练练手吧。你不能重复往返,必须一笔连成。"大厨师说完便走了。

你能帮帮罗伊,用裱花笔,一笔画出这个图形吗?

建议用时 1~2分钟

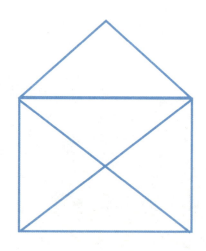

小鱼游游

杰恩是一家思维训练中心的老师,日常工作是带学员做一些思维训练的游戏,帮助学员提升创意思维、逻辑思维,让学员变得更加聪明和敏锐。

一日,在进行《海底世界探寻》的教学过程中,杰恩用小木棒摆了一条向右游动的小鱼,如下图所示。他告诉自己的学员:"下面我们来一起开动脑筋吧。只移动三根木棒,让这条小鱼调转头往左边游,你们能做到吗?"

建议用时 1~2分钟

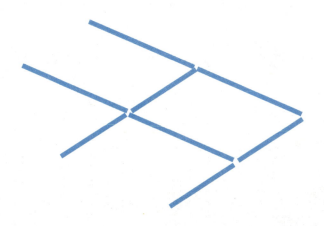

 等式要成立

推理思维　创造式思维

这是育才中学的王老师在公告板上新出的题目。体育老师孙老师走过来，看到王老师出的题目，一头雾水地问："王老师，你这是什么题目呀？这些计算结果明明都是错的呀！不管怎么算，我都没办法算出这几个等式的结果。"

王老师微微一笑说："我相信我的学生们一定能找出规律，然后算出 7+3 的正确答案。"

你知道王老师的这道题目里暗含了什么玄机吗？

建议用时　1~2 分钟

$$5+3=28 \quad 9+1=810$$
$$8+6=214 \quad 5+4=19$$
$$7+3=?$$

12 进击的三角形

晚餐开始之前,爷孙几个在餐桌上玩筷子。孙子林林将6根筷子摆成了下图所示的两个等边三角形。林林说:"爷爷,6根筷子最多只能摆成两个正三角形。"

爷爷看了看林林的图案,摇了摇头说:"不,我可以用6根筷子拼出更多的正三角形。"

你知道6根相同的筷子最多可以拼成几个等边三角形吗?爷爷会怎么拼呢?

建议用时 1~2分钟

13 猪奶奶的菜篮子

全局思维

猪奶奶中午买了很多小猪们喜欢吃的蔬菜。除四种菜以外,其他的都是白菜;除四种菜以外,其他的都是萝卜;除四种菜以外,其他的都是青椒;除四种菜以外,其他的都是番茄;除四种菜以外,其他的都是土豆。

猪奶奶的菜篮子里到底装了几种蔬菜呢?

建议用时 1~2分钟

盲人买袜子

分类思维　创造式思维

　　两个盲人去商店买袜子，碰巧他们二人都买了完全相同的三双白袜子和三双黑袜子。在回家的路上，两个盲人被路上的沟壑绊倒了，并将十二双袜子混在了一起。两个盲人连忙将袜子捡了起来，可是这十二双袜子的材质、大小、布料完全相同，他们没办法从手感上判断出哪一双是黑袜子，哪一双是白袜子。

　　你能想个办法，让他们在不求助他人的情况下，各自取回三双黑袜子和三双白袜子吗？

建议用时　1～2分钟

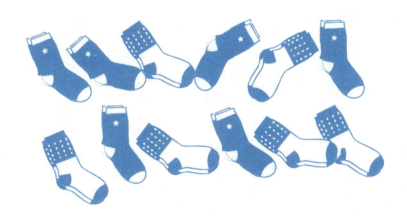

15 欢乐世界寒假庆

优贝欢乐世界在寒假前举办了大型酬宾活动。活动期间，凡是到该游乐城充值的用户均可获得一张兑奖券，工作人员会在每天下午4点进行抽奖，中奖的玩家可以获得相应的游戏币和玩具奖励。

为了鼓励大家踊跃参与，该游乐城还准备了一份超值大礼：获得一等奖的用户只要在一分钟之内答对主持人提出的问题，即可获得抽取特等奖的资格。特等奖是寒假期间在该游乐城畅玩的免单券！

大奖非常吸引人，雯雯一家也在这个游乐城玩，并且幸运地抽中了一等奖！雯雯非常兴奋，她想冲击一下特等奖。下图是主持人给出的题目，你能帮雯雯在一分钟之内算出答案吗？

建议用时 1~2分钟

$$1=5$$
$$2=15$$
$$3=215$$
$$4=5225$$
$$5=?$$

第四章 初级训练

错的标签对的糖

推理思维

桌子上有三个密封的盒子，一个里面装了两颗糖果，一个里面装了两颗巧克力，还有一个盒子里装了一颗糖和一颗巧克力。婉儿给这三个盒子都贴上了标签，但是，她不小心把三个标签全贴错了。也就是说，每个盒子上的标签都与它里面装的东西不一样。

如果允许你从一个盒子里拿出一样东西放在桌子上，只看这一样东西，你能判断出每个盒子里都装了什么吗？

| 建议用时 | 1~2 分钟 |

17 刘姥姥回娘家

演绎思维

刘姥姥带着两个孙子和一条狗回娘家。他们走到了一条小河边，河上只有一艘小船，这艘船每次只能载两个人，或者一个人和一条狗，不然就会翻船。而且当刘姥姥不在时，调皮的大孙子就会去打狗，狗会咬刚刚学会走路的小孙子。请问，刘姥姥该如何带着孙子和狗安全过河呢？

建议用时 1~2分钟

错综复杂的道路

决策树思维

某石油集团准备在某县城设立一些加油站。他们准备将加油站设立在道路的交叉口。经过调查，该县城一共有 5 条主干道，而且每条主干道都是笔直的。如果该石油集团遵循在道路交叉口设立加油站的原则，那么他们最多需要设立几个加油站呢？

建议用时 1~2 分钟

 香烤华夫饼

 全局思维   推理思维

　　妈妈为两个孩子做了美味的华夫饼。她用番茄酱在华夫饼上做了美丽的装饰，并把装饰做成了一道锻炼孩子们大脑的趣味题目。

　　孩子们需要在华夫饼的格子中填上1~4这四个数字，使每一行、每一列都包含1~4这四个数字，而且要在用番茄酱画出来的四个区域中的四个小方格中也填上1~4四个数字，且不能重复。

　　孩子们该怎么填数呢？

建议用时　1~2分钟

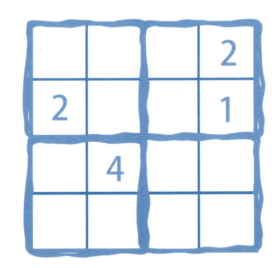

调皮的小兔子跑到森林里玩耍,一不小心走得太远了,渐渐走到了妈妈从来不让它去的地方。天色渐渐暗了下来,小兔子有点害怕,于是赶紧往家里跑。

小兔子的家就在树丛对面的不远处,可是小兔子却不敢轻易走进面前这片树丛中。妈妈告诉过小兔子,这片树丛是猎人设置的一个迷宫,误入其中的小动物很难再跑出来,最后会又饿又困、精疲力竭,猎人便可以很容易地抓住它们。

不过,也有一些聪明的小动物闯入过这个迷宫,并且幸运地走了出来。

小兔子犹豫极了,只要它能从迷宫中穿过,就能很快回家。如果不走这片树丛迷宫,就要绕很远的路了,不快点回家,妈妈一定会很担心的。

你能帮助小兔子顺利地走出迷宫回到家吗?

建议用时 1~2分钟

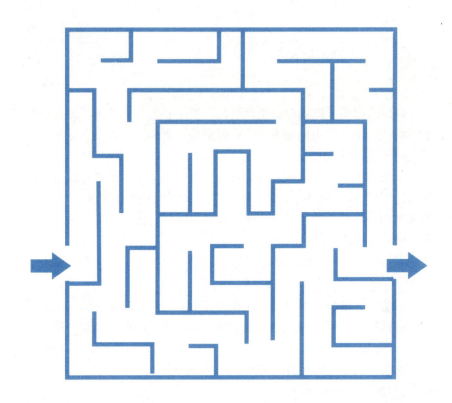

第四章　初级训练

 第五章　中级训练

第六章　高级训练

21 硬币正相同

逆向思维

某公司年会上有这样一个游戏。

游戏桌上散落着 25 个相同的硬币,有 10 个正面朝上,有 15 个反面朝上。参与游戏的人需要蒙住眼睛,戴上手套,这样手就完全摸不出硬币的正反面了。如果参与游戏的人能将这 25 个硬币分成两堆,而且两堆中正面朝上的硬币个数相同,就可以获奖。

你知道该如何做吗?

建议用时 3~4 分钟

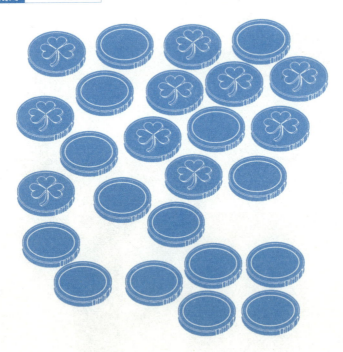

22 兄弟分油

逻辑链思维

家里没油了,老王出去打了 10 斤油。此时天色已晚,老王刚打完油,油行就关门了。

在回家的路上,老王碰见了自己的好兄弟老李。老李也是出来打油的,可是附近的油行都已经打烊了,老李非常着急。

老王决定将自己的油分一半给老李,可老李手上只拿着一个 7 斤的油桶和一个 3 斤的油桶,两个人都没有带称,如何才能将油平均分开呢?

建议用时 3~4 分钟

10斤　　7斤　　3斤

23 点燃一炷香

时间序列思维

清玄一家正在看热播的古装剧。古装剧中的反派说:"我给你一炷香的时间,如果你还拿不出我想要的东西,那么你爱的人就会毒发,七窍流血而亡!"

清玄挠了挠头,问爸爸妈妈:"爸爸妈妈,电视剧里老说一炷香的时间,一炷香的时间到底是多久呀?为什么他们算时间老用一炷香呢?"

爸爸被清玄问愣了,随口敷衍了几句,清玄不依不饶,又看向博学多识的妈妈。

妈妈耐心地跟清玄解释道,古时候人们没有钟表,他们要确定时间,就只能看太阳在天上的运行轨迹。若要衡量一段时间的长短,他们就喜欢用燃香烛的方式。因为香很细,而且基本是粗细均匀的,所以一炷香燃烧的时长基本是相同的。

妈妈告诉清玄燃香烛计算时间的原理后,给清玄出了一道小题目:"如果你生活在古代,此时你有两炷一模一样的香,一炷香燃烧完的时长是60分钟,那么你能用这两炷香确定一段15分钟的时长吗?"

你能帮清玄答出这道题吗?

建议用时 3~4 分钟

 擦数字游戏

漏斗思维

数学系的谷教授为了预防学生们上课睡觉,经常在课堂上给学生们出一些有趣的思维训练题目。

一日数学课上,谷教授在黑板上写下了8888…8888这样一串数字。谷教授每擦掉一个数字,就把这个数字前面的数字乘以2,然后再加上刚才擦掉的数字,并且对后面的数字都是这样操作的。

你知道谷教授最后得到的数字是多少吗?

| 建议用时 | 3~4分钟 |

8888888888888888888888888
8888888888888888888888888
8888888888888888888888888

?

飞机绕地球飞行

决策树思维

某机场停靠着许多架飞机。每架飞机都只有一个油箱，每箱油可以使飞机绕地球赤道飞行半圈。

现在飞行员需要执行一项任务：要驾驶一架飞机安全地绕地球赤道飞行一整圈，并且最终平安地返回起飞时的机场。天空中没有加油站，飞机只能相互进行加油，途中也没有飞机场，不允许中途降落。

请问，要完成这项任务，一共需要出动多少架飞机？

| 建议用时 | 3~4 分钟 |

26 他们的职业是什么？

推理思维

有三个职业人，分别是李先生、蒋先生和刘先生。他们每人身兼两职，三个人的六种职业分别是作家、音乐家、美术家、话剧演员、诗人和工人，同时我们还知道以下事实。

（1）音乐家以前与工人谈论过对"古典音乐"的欣赏；
（2）音乐家出国访问时，美术家和李先生曾去送行；
（3）工人的爱人是作家的妹妹；
（4）作家和诗人曾经在一起探讨"百花齐放"的问题；
（5）美术家曾与蒋先生看过电影；
（6）刘先生擅长下棋，蒋先生和作家跟他对弈时屡战屡败。
请辩判他们的职业分别是什么？

建议用时 3~4 分钟

作家		诗人	
音乐家		美术家	
话剧演员		工人	

三个人每人身兼两职

剩下的是谁？

漏斗思维

50名运动员按顺序排成一排，教练下令："单数运动员出列！"

单数运动员出列后，剩下的运动员重新排列编号，教练又下令："单数运动员出列！"如此下去，最后只剩下一个人。

请问，剩下的这个人最初是几号运动员？如果教练喊"双数运动员出列"，那么最后剩下的会是几号运动员？

建议用时 3~4分钟

28 球在哪儿?

推理思维

地上有红、白两种颜色的小球。将小球按照下图所示的方式一层一层地排列，当红球比白球多 2020 个的时候，这个球正好是第几排的第几颗球呢？这个球是什么颜色的？

建议用时 3~4 分钟

决策树思维　循环思维

正月十五的夜晚,梓轩一家人去县里看花灯,回来的时候已经是半夜了。爸爸只带了一盏小夜灯,可是小夜灯的电已经快用完了。

梓轩家的村口有一座独木桥,他们回家必须经过这座独木桥。独木桥很窄,只能同时容纳两个人通过。此时天太黑了,过桥时必须有灯。

梓轩过桥只需要 1 秒,梓轩的妹妹过桥需要 3 秒,爸爸过桥需要 6 秒,妈妈过桥需要 8 秒,而爷爷过桥需要 12 秒。

"哦,坏了!"爸爸在桥边突然说道,"小夜灯的电只能支撑 30 秒了,30 秒之后小夜灯就会熄灭。我们要尽快过桥!"

你觉得,梓轩一家可以在这 30 秒内顺利过桥吗?他们又该如何过桥呢?

建议用时　3~4 分钟

30 残缺变完整

创造式思维　　逆向思维

程阿姨是一位裁缝,她不仅技术好、心灵手巧,而且待人和善,大家都喜欢她。开小吃店的历大娘找程阿姨做了一件衣服,布料裁完后剩下一块小小的边角料。历大娘向来勤俭,她拿着这块布料,为难地说:"小程啊,这块料子扔了蛮可惜的,你看看能不能帮我把它改成一个正方形的小手帕呀?我正好缺一块手帕!"

程阿姨看了布料一会儿,笑了笑说道:"没问题,包在我身上,保证不浪费一点儿布料。"

程阿姨只在布料上剪了两刀,就把剪成的三块布料拼成了一个正方形!历大娘开心极了,连连夸赞程阿姨心灵手巧!

你知道程阿姨是怎么剪的吗?

建议用时　3~4 分钟

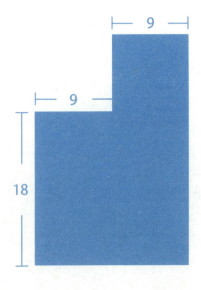

第五章 中级训练

美丽的包装纸

分类思维

多多生日的时候，从礼物盒上拆下了一张漂亮的包装纸。这张包装纸上散布着绿色和白色的图案，多多觉得很有趣。爸爸看了看这张纸，给多多出了一道题目："你能从上到下剪一刀，再从左到右剪一刀，把这张纸剪成 4 个部分，使每个部分都包括 4 个不同的蓝色图案和 4 个不同的白色图案吗？"

请问，多多要如何剪呢？

建议用时 3~4 分钟

 伯爵的遗产

数字化思维　决策树思维

里德伯爵去世了,他给自己刚刚怀孕的女儿留下了一笔钱,总共210万元。临终前他曾立下遗嘱,遗嘱中写道:"若女儿生的是男孩,则外孙继承140万元,女儿继承70万元。若生的是个女孩,则外孙女继承70万元,女儿继承140万元。"然而,里德伯爵的女儿却产下了龙凤胎。请问,聪明的律师该如何分配这笔财产呢?

建议用时　3~4 分钟

服务员切西瓜

每到周末,火锅店的生意都异常火爆。火锅店的服务员经常会准备一些零食或者水果,将它们发放给排队等待就餐的顾客,以缓解他们在等待中的焦虑。

这天,火锅店门口有 13 位等待的客人,店里只有一个西瓜了。如果你是服务员,你该如何在这个西瓜上切四刀,将切好的西瓜分发给这 13 位等待的顾客呢?

建议用时 3~4 分钟

怎么切好分给13个人呢?

抓出"叛徒"

 全局思维   相关思维

几名室友在玩一个叫作"抓出叛徒"的卡牌游戏。游戏规则为,每一个参与游戏的人手里都持有一些卡牌,这些卡牌上的图案都含有某种规律,但是里面会有几张卡牌是"叛徒",这几张"叛徒"卡牌上的图案并不符合这种规律。

大家一张一张轮流出牌,率先找出大家所出的卡牌中是"叛徒"那张牌的人获胜。室友轮流出牌,当桌子上有了六张牌的时候,杰森突然大叫起来:"我找到'叛徒'了!"

请问,杰森找到的"叛徒"是下面六张卡牌中的哪张呢?"叛徒"一共有几个?

建议用时 3~4 分钟

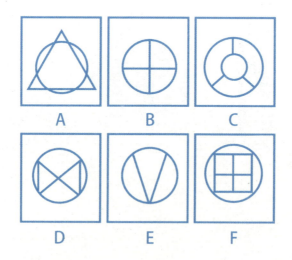

价格标错了吗？

矩阵思维

洋洋和爸爸在蛋糕店仔细地挑选着货架上的蛋糕。突然，洋洋发现有两块一模一样的蛋糕，价格却不相同——右边那块蛋糕的价格居然是左边那块蛋糕价格的两倍！

洋洋说："爸爸，这块蛋糕的价格是不是标错了呀？这两块蛋糕明明一模一样。"

爸爸看了看洋洋指着的两块蛋糕，说道："没有呀，右边这块是左边这块的两倍大呀，所以价格也是左边这块的两倍。"

"什么？"洋洋惊讶极了，"可我看到的这两块蛋糕明明一样大呀！"

你知道这是怎么回事吗？

建议用时 3~4 分钟

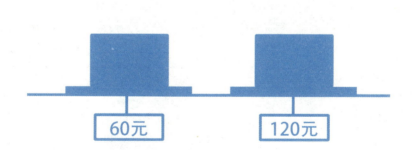

36 顾客很着急

创造式思维　时间序列思维

某日一大早,早餐店就来了三位顾客。

顾客神色匆匆,看了一下表,说:"师傅,给我们来三个煎饼,要快一点!我们着急赶火车,只有17分钟的等车时间了!"

师傅挠了挠头,非常抱歉地说:"哎呀,17分钟做三个煎饼完全来不及呀!你们看,一个煎饼需要烙两面,每面最少需要5分钟,而我们的锅一次最多只能烙两个饼。要烙熟三个煎饼,需要20分钟,完全赶不上呀!"

这时早餐店的老板走了出来。他听了师傅的话,立刻对顾客说道:"你们放心,烙三个煎饼只需要15分钟!不耽误你们时间。"

请问,早餐店老板要怎么烙这三个煎饼呢?

建议用时 3~4分钟

金矿发工资

创造式思维

某金矿的矿主雇了一位长工,他们约定,长工工作七天,矿主就给他一根金条作为报酬。可是,这个矿主先前不是特别守信用,长工不相信他,因此要求矿主每天下工后都要给他七分之一根金条,即工资日结。

请问,矿主最少需要将金条切割为几份,才可以每天给这位长工结算七分之一根金条的工资?

建议用时 3~4 分钟

38 松鼠背松子

决策树思维

有一只可爱的小松鼠,它在森林里采了 100 颗松子,兴致勃勃地准备将松子搬回家。可是,小松鼠每次最多只能背 50 颗松子,而且它很馋,每走一米就要吃掉一颗松子。小松鼠的家在 50 米远的地方,等小松鼠回到家,它最多还剩下多少颗松子?

建议用时 3~4 分钟

我要把它们全部搬回家!

中华文化博大精深,尤其是汉字,其中包含了很多精妙的规则和深刻的寓意。某大学的汉语文学社经常组织社团成员玩接龙类的汉字游戏,有时候是接龙同一偏旁部首的汉字,有时候是接龙笔画数相同的汉字。

一天,他们又开始玩汉字接龙游戏。游戏之初给出了 4 个汉字。有 3 个脑子转得快的成员立刻想出了后面该接什么汉字,于是又接着填了 3 个汉字在后面。

该文扶填写了,他第一次参加这种活动,还没看出前面的汉字有什么规律,因此不知道该怎么填。

贴心的社团团长给文扶写了四个汉字,让他在其中选一个就行。请问,文扶该选哪个汉字呢?

建议用时 3~4 分钟

题目:

| 一 | 人 | 万 | 文 |

同学们填的字:

| 出 | 尘 | 芙 | ? |

该选哪个?

| 工 | 蓉 | 画 | 稻 |

40 比尔的花环

决策树思维　全局思维

比尔制作了一个非常漂亮的数字游戏花环,这个花环上一共有9个位置,需要填上1~9这9个数字,而且需要使每个花环外圈上4个数字之和都等于20。

比尔已经给出了中间填5的提示。请问,该如何填其他的数字呢?

建议用时　3~4分钟

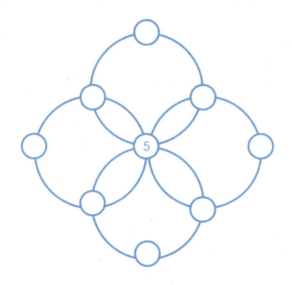

第四章　初级训练

 第五章　中级训练

 第六章　高级训练

猜出来了吗?

决策树思维　推理思维

有一个非常好玩的猜数字的游戏,一般人是很难猜出来的。

一位教授为了考查自己学生的反应能力,便与自己的两个博士生一起玩这个游戏。

游戏是这样的:教授在心里随机想两个数字,这两个数字在2~9之间。教授将这两个数字的和告诉第一位学生,把这两个数字的积告诉第二个学生,然后让两个学生猜这两个数字分别是多少。

第一位博士生说:"我猜不出来。"

第二位博士生说:"我也猜不出来。"

第一位博士生说:"你猜不出来,我就知道这两个数是多少了。"

第二位博士生说:"哈哈,我也猜出来了。"

两位博士生将这两个数说了出来,他们都答对了!

请问,这两个数字分别是多少呢?

建议用时 5~6分钟

2	3	4	5
6	7	8	9

第一位博士生知道这两个数字的和;
第二位博士生知道这两个数字的积。
这两个数字分别是什么呢?

42 数字反着站

数字化思维

有很多奇妙的数字,它们与一个数字进行加减乘除四则运算后,得到的这个数字各个数位上的数字顺序正好与原来的数字顺序是相反的。

例如,数字 ABCD 乘以 9 以后,得到的数字正好是 DCBA。

聪明的你能巧妙地计算出 ABCD 是多少吗?

建议用时 5~6 分钟

ABCD × 9 = DCBA

春、夏、秋、冬四季更迭是大自然亘古不变的现象。而数学中也有很多奇妙的数字。如下图所示，春、夏、秋、冬各代表一个不同的数字，你能指出春、夏、秋、冬四个字各代表哪个数字吗？

建议用时 5~6 分钟

$$春夏 \times 秋冬 = 夏秋春冬$$
$$春冬 \times 秋夏 = 春夏秋冬$$

 数字轮盘

决策树思维　全局思维

请将 1~33 填入下图中,每个数字只能出现一次,并最终使这个数字轮盘中的 4 个圆环上的数字之和相等,且使数字托盘上 4 条直径上的数字之和也相等。

聪明的你一定能很快填出来!

建议用时 5~6 分钟

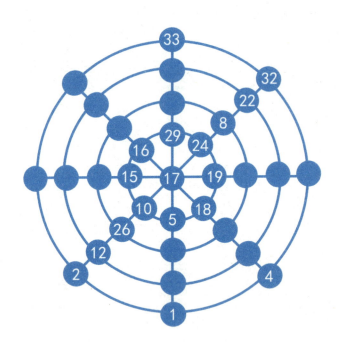

接下来画什么？

珉珉最近跟着一位数学美术家学习画图。老师正在为美术馆创作一组画作，但老师完成了前 5 幅图后有急事离开了，他让珉珉帮他画出第 6 幅图来。

跟着老师学习了这么长时间，珉珉已经大致了解了数学美术画作的原理。他按照老师前 5 幅画作的规律创作了第 6 幅画。你觉得下面 5 个选项中，哪一个是珉珉创作的第 6 幅画呢？

建议用时 5~6 分钟

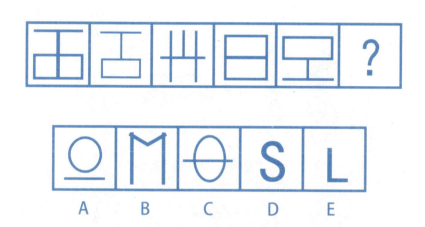

 右转城堡

逆向思维　闭环思维

可乐今天去娱乐场玩耍，其中一个叫作"右转城堡"的游乐项目让可乐非常好奇。

右转城堡，顾名思义，就是玩家从城堡的入口进入后，遇到岔路口时必须直走或者向右转，不能向左转或原路返回。

下图是城堡的平面图，可乐该如何走才能从城堡里走出来？

建议用时 5~6 分钟

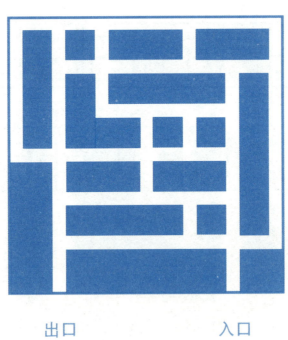

出口　　　　　　　　入口

推理思维

某大学教授发明了一种创意签到方式,以防止学生们逃课时让别人代为签到。

该教授在每一节课前都会展示一个二维码,学生扫描该二维码后,页面上会出现一道数字题目。学生们需要解答该题目,并输入自己的姓名,才算是签到成功。

下面是该教授设计的一张数字签到卡,请问,括号中该填哪些数字呢?

建议用时 5~6 分钟

8,12,18,27,( )

6,6,9,18,45,( )

1,4,9,16,25,( )

2,5,10,50,( )

 画龙点睛

数字化思维

若要下图中的图形保持一定的规律,那么应该在问号处的图形中"点"上几个"眼睛"呢?

建议用时 5~6分钟

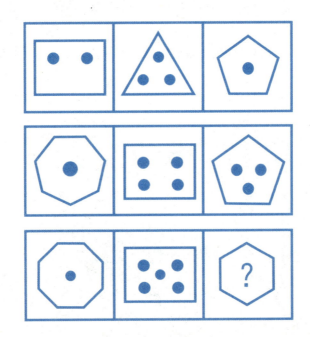

49 寻找同类

创造式思维

请先观察下图中第一组卡片之间的规律，然后在下面的四个选项中找出与第一组的四张卡片规律相同的卡片。

请问，应该选哪个呢？

建议用时 5~6 分钟

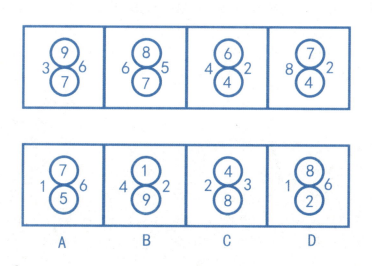

猫咪咖啡馆

创造式思维

有一家猫咪主题的咖啡馆，咖啡馆老板为了吸引顾客，在每只猫咪的四只脚和一条尾巴上都绑了不同的数字，每只猫咪身上数字的规律是一样的。有一些猫咪的尾巴或者四只脚的其中一只没有填数字，如果聪明的顾客猜出了没有填写的数字是多少，就可以享受五折优惠。

卡卡抓住了小猫 B，她不知道猫尾上该填什么数字，于是她找到了身上数字填全了的小猫 A。你能根据小猫 A 身上数字的规律，推断出小猫 B 尾巴上该填什么数字吗？

建议用时 5~6 分钟

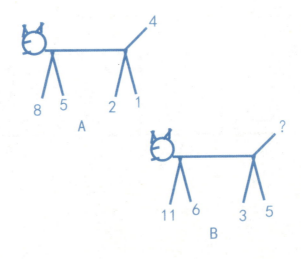

答案

上篇　逻辑思考训练

第一章 初级训练

1. 图形巧解

答案：▲=7　★=9　■=2　♥=9

根据题目可知，这4个图形代表的数字都是大于1的整数。

由 ▲+★=16 可知，三角形和五角星都大于1小于15。

由 $\dfrac{★}{3} - \dfrac{▲}{7} =$ ■ 可知，五角星是3的倍数，三角形是7的倍数。

因此，五角星可能是3、6、9、12。三角形可能是7或14。

因为正方形是正整数，所以五角星必须大于3。

将三角形和五角星可能的数字代入 ▲+★=16 中，即可得到 ▲=7，★=9。

将三角形和五角星的数字代入式子 $\dfrac{★}{3} - \dfrac{▲}{7} =$ ■ 中，可得 ■=2。

将已知的三个形状所代表的数字代入 ■+▲=♥ 中，可得 ♥=9。以上，便解出了这4个形状分别代表的数字。

2. 小贩的把戏

答案：在第一个杯子里。

根据题目已知信息：小贩第二句话一定是假话，第三句话一定是真话。

小贩的第二句话是"红色小球在第二个杯子里",这句是假话。由此可以推导出,红色小球不在第二个杯子里。

小贩的第三句话是"红色小球不在第三个杯子里",这句是真话。由此可以推导出,红色小球也不在第三个杯子里。

因为小球不在第二个杯子里,也不在第三个杯子里,所以小球在第一个杯子里。

同样可以推断出,小贩说的第一句话也是假话。

3. 谦让的哥哥

如下图所示,如果哥哥将棋子放到黑色棋子所示的位置,那么下一步无论妹妹怎么走,都能将自己的棋子连成一条线。

这道题的解题方法便是在几个空白格子之间尝试,空白格子只有4个,因此尝试起来会比较快。需要注意题目的要求,当哥哥落下自己的棋子后,妹妹无论怎么走都能获胜。即无论妹妹的棋子怎么放,都能让5个颜色相同的棋子连成一条线。

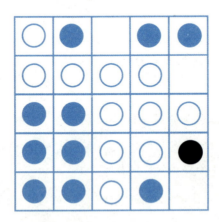

4. 车行的决定

答案：A。

下面我们对四个选项逐一进行分析。

A 选项：从题干得知，购买红色汽车的全部是女性，因此某单亲爸爸购买了一辆红色的 SUV 是不可能的。

B 选项：刚毕业的女大学生莉莉买了一辆黑色的二手车代步。由调查结果可知，购买红色汽车的都是女性，但是并非所有女性都买了红色汽车，女大学生是有可能买黑色汽车的。因此，B 选项是可能发生的。

C 选项：某品牌汽车的某款轿车车型的价格比该品牌最贵的 SUV 的价格还要高。调查结果显示，SUV 的价格较同品牌的其他车型的价格高，这只是一个笼统的比较数据，并不代表任何一款 SUV 的价格都比同品牌的其他车型价格高，也不代表该品牌的轿车都比 SUV 便宜。因此，C 选项也有可能发生。

D 选项：一个二胎家庭买了一辆低排量的黑色小轿车。调查结果显示，有孩子的家庭大多会选择 SUV，但并不是说所有有孩子的家庭都会选择 SUV，因此有孩子的家庭也是有可能选择小轿车的。

由此可见，B 选项、C 选项、D 选项都是有可能发生的，而 A 选项是不可能发生的。

5. 天平的两端

答案：10 个方块。

答案解析如下。

由第一个天平可知：

2 个 ■ +1 个 ● =2 个 ★ （1）

由第二个天平可知：

1 个 ● +1 个 ■ =2 个 ■ +1 个 ★ （2）

左右两边同时减去一个方块，则：

1个 ● =1个 ■ +1个 ★ （3）

可以推出：

1个 ★ =1个 ● -1个 ■ （4）

将式（4）代入到式（1）中，可得：

4个 ■ =1个 ●，

将式（3）代入到式（1）中，可得：

3个 ■ =1个 ★。

所以，一个 ● + 两个 ★ =10个 ■ 。

6. 数字迷宫

答案如下图所示。

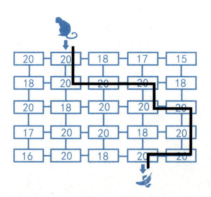

做这道题时先要分析迷宫中各个格子中数字的规律，找到小猴子应该以何种规律来走迷宫。由题目可以看出，每一个格子中都是一个加法算式，可以在这些加法算式的和中找规律。

经过简单的计算，我们可以得到每个格子中的算式的和。

我们可以看出，猴子按照算式之和为 20 的格子移动，便能到达香蕉的位置。

7. 强迫症的救赎

答案：C。

这道题目训练大家的因果逻辑，即 A、B、C、D 中的哪一项最能说明非非没有得强迫症。

分析四个选项中的内容可得，如果非非的工作本身就与擦桌子有关，那么非非的行为与是否患有强迫症就是不相干的。不能因为非非擦桌子的次数多，就断定非非患有强迫症。

因此 C 选项是最能反驳非非患有强迫症的依据。A、B、D 选项并不能证明非非没有强迫症。

8. 上元节的花灯

答案如下图所示。

这是一道拆字题目。我们需要从第一组花灯的三个字中找规律，然后将这个规律运用在第二组花灯上。

将第一组花灯上的三个字拆解，得到"月"和"半"、"田"和"月"、

"田"和"半"。去掉前两个字相同的部分"月"后，剩下"半"和"田"，正好可以组成汉字"畔"。

运用该规律，将第二组花灯的前两个字拆解，可以得到"木"和"公"、"公"和"羽"，去掉相同的部分"公"后，剩下"木"和"羽"，可以组成汉字"栩"。

9. 小马过河

答案：小马可以过河。

已知牛伯伯、羊阿姨和驴叔叔三位中只有一位说的话是对的。

牛伯伯说河水不深，羊阿姨说河水深，他们俩所说的话是相互矛盾的。如果牛伯伯所说的话是对的，那么羊阿姨说的话就是错的，驴叔叔所说的"羊阿姨说的是对的"这句话就是错的。与已知的条件逻辑相符，因此该假设成立。

如果羊阿姨说的是对的，那么驴叔叔说的话就是对的，这样就有两位说的话是对的了。由题干可知，只有一位说的话是对的，因此该假设不成立。

同理，如果驴叔叔说的话是对的，那么羊阿姨说的话也一定是对的，与题干矛盾，因此该假设也不能成立。

由此可知，只有牛伯伯说的话是对的。河水顶多到小马的大腿，不会淹没小马，因此小马可以过河。

10. 数学系的舞会

答案：27。

4	3	7	10	17
2	5	7	12	19
4	1	5	6	11
9	3	12	15	?

首先，我们需要找出上图中这些数字中所包含的规律。我们需要先观察这些数字之间的相关性。

根据简单的计算我们可以发现：

第一行的数字满足规律：7=4+3，10=3+7，17=7+10；

第二行的数字满足规律：7=2+5，12=5+7，19=7+12；

第三行的数字满足规律：5=4+1，6=1+5，11=5+6。

由此可以推断出，前三行数字的规律为，从第三个数字开始，后面一个数字是前面两个数字之和。

我们将此规律代入第四行进行验证：12=9+3，15=3+12，数字12和15符合上述规律。因此我们推断第四行也满足这个规律。

那么，第四行的最后一个数字便应该是12+15=27。

11. 神奇的尚左数

答案如下图所示。

```
8  9  4  6  3  5  [2]
7  8  3  6  9  4  [1]
6  5  4  7  [3  2  1]
```

尚左数的定义为，如果一个数字左边的数都比它大（或者没有数字），右边的数字都比它小（或者没有数字），则这个数字为尚左数。

第一组数字中只有一个尚左数2。

第二组数字中只有一个尚左数1。

第三组数字中共有三个尚左数，分别为3、2、1。

12. 总监的难堪

答案：D。

孙总监只通过自己部门员工的表现，便推断整个公司的员工表现都不好。他的逻辑漏洞在于假设不得当，公司品牌部员工的一般状况并不能代表整个公司员工的一般状况。

A选项中，孙总监的对话并没有提及其他公司，因此A选项明显与问题无关。

B选项中，"只提出了公司存在的问题，没有给出解决问题的方法"，这并不能算是逻辑漏洞。

C选项中，"没有为员工着想"，跟逻辑漏洞无关。

E选项中，"员工工作太忙了"，有可能是员工做事不认真的原因，但不属于孙总监的逻辑漏洞。

13. 四宫格数独

本题目属于开放性的题目，答案不止一种。

我们由给出的题目可以得知，第一行第二列应该填1。

假定第三行第一列填1，那么第一行第一列的数字和第二行第一列的数字应该是4和2。无论将4填在这两个格的哪个格子中，都可以根据每行、每列、每个加粗的四宫格中都包含1、2、3、4四个数字，推断出其他小格应该怎么填。

下图是答案的一种情况。

2	1	4	3
4	3	2	1
1	4	3	2
3	2	1	4

14. 到底谁是对的?

答案：长发小姐姐的话可以推断出林靖所说的话。

我们首先需要分析题干。

林靖所说的话是，不可能所有的人都被录用。这句话以"不"来否定"可能所有的人都被录用"，因此等价于"必然有人是不被录用的"。等价命题之间是可以相互推导的，原命题为真，则等价命题为真。

只有长发小姐姐说："这次面试必然有人不会被录用"。因此，长发小姐姐说的是对的，她的话可以推断出林靖所说的话。

其他三个人所说的话都不能推断出"不可能所有应聘者都被录用"这个结论。

15. 幼儿园里排排坐

答案：小朋友排排坐的顺序是，绵绵、优优、饼干、驰驰、可可、柔柔、浩浩。

这道题目我们可以使用插入法来解答。

根据"柔柔后面紧跟着浩浩"，我们得知这两个小朋友之间的排序如下：

根据"饼干挨着优优坐在优优的后面"，我们可以得知这两个小朋友之间的排序如下：

根据"可可坐在驰驰后面"，我们可以得知这两个小朋友之间的排序如下：

根据"绵绵后面紧跟着优优",我们可以得知这三位小朋友之间的排序如下:

根据"柔柔和饼干之间共有两个小朋友",我们可以得知,柔柔只能坐在饼干的后面,不能坐在饼干的前面。且根据"最后面坐着的是浩浩",我们可以得出,浩浩坐在倒数第一的位置,柔柔坐在倒数第二的位置。柔柔和饼干之间的两位小朋友正是驰驰和可可。

这样坐也满足绵绵和驰驰之间有两个小朋友的要求。

16. 兔妈妈的孩子

答案:兔老四、兔老二、兔老三、兔老大、兔老五。

这道题我们依旧可以使用插入法来解答。首先我们需要对已知信息进行综合分析。

因为①兔老大收了108棵白菜,②只有2只小兔收的白菜数量小于120棵,③兔老大收的白菜比兔老五多,所以,只有兔老大和兔老五收的白菜数少于120棵,它们俩是收白菜数最少的兔子。兔老五收的白菜比兔老大还少,因此兔老五收的白菜最少,排在最后,兔老大排在倒数第二。

因为兔老四收的白菜数量+兔老大收的白菜数量>兔老三收的白

菜数量＋兔老二收的白菜数量，又因为兔老大收的白菜数量排在倒数第二，比兔老二和兔老三收的白菜数量都少，所以兔老四收的白菜数大于兔老二收的白菜数，也大于兔老三收的白菜数，这样才能使得不等式成立。

由上述分析可以得出，兔老四收的白菜数最多，大于兔老二、兔老三、兔老大、兔老五，排在第一。

因为兔老二收的白菜比兔老三多，所以，五只小兔子所收的白菜数量的排序是兔老四、兔老二、兔老三、兔老大、兔老五。

17. 今天是周几？

答案：今天是星期三。

今天是星期三，昨天便是星期二，小虹的生日就是星期二，与上一个星期天中间隔着一天。

今天是星期三，明天便是星期四，后天是星期五，小伟的生日是星期五，与下一个星期天中间也隔着一天。

18. 成年人的困境

答案：C。

题目的论证关系为，因为现在没有完成的工作、没有回复的电话、缺失的亲子时光等并没有比变得繁忙之前减少，所以人们并没有他们声称的那么忙。"人们并没有他们声称的那么忙"是结论。

A 选项：成功人士看起来都是忙忙碌碌的，并不能反驳"人们没有他们声称的那么忙"这个结论，所以 A 选项如果为真，那么并不能削弱文中的结论。

B 选项：大家浪费了太多时间而没有好好工作，正好可以证明"人们并没有他们声称的那么忙"这个结论，并不能削弱这个结论，因此 B 选项也不是正确答案。

C 选项：人们繁忙是因为他们不得不比繁忙之前从事更多的工作，因为人们从事了更多的工作，所以才会造成他们"没有回复的电话、缺失的亲子时光等没有比繁忙发生之前减少"的现象，他们确实更忙了。如果 C 选项为真，则可以削弱短文中的结论。

D 选项：人们的闲暇时间变多了，正好可以证明"人们并没有他们声称的那么忙"这个结论，因此 D 选项不是正确答案。

E 选项：人们从事的工作变难了。工作变难了，可能会导致工作时间变长，这是人们比较忙的一个缘由，但并不是最能反驳文中结论的选项。

19. 美味曲奇饼

答案如下图所示。

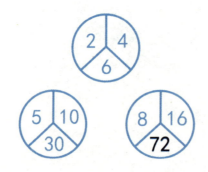

首先，我们需要分析两块已将数字填满的饼干上的数字的规律。找到饼干上数字的规律，是解开问题的关键。

其次，我们需要有全局思维。两块饼干上数字的规律要完全相同，而且这个规律要符合第三块饼干上已知数字的规律。

第一块饼干上的三个数字为2、4、6。这三块数字可以做这样的拆解：2，4=2+2，6=2+2×2。

第二块饼干上的三个数字为5、10、30。这三块数字可以做这样的拆解：5，10=5+5，30=5+5×5。

由此我们可以猜测，每块饼干上的三个数字之间的规律为：

第一个数字 =a；

第二个数字 =$a+a$；

第三个数字 =$a+a×a$。

我们将这个规律带入第三块饼干的前两个数字中。

第三块饼干前两个数字为8和16，可以拆解为：8，16=8+8，满足规律。

因此，第三块饼干上的第三个数字应该为：8+8×8=72。

20. 迷宫成双

答案：沿着如下图所示的黑线走，就能走到迷宫的中心，找到另一位玩家啦！

要解开迷宫，最有用的办法就是尝试法，大家可以试试看！

第二章 中级训练

21. 数字拼图

要将所有的拼图碎片放到合适的位置,不但需要以全局思维把控,还要勇于不断地尝试。

题目要求整张图拼好之后,每一行、每一列都含有1~6这六个数字,且不重复,因此,我们可以根据这个要求做一定的排除。

我们先分析下图中编号为1和2的这两个空格可以填入哪两个碎片。

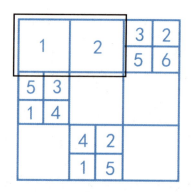

拼图第一行最右边的两个数字为3和2,因此上面一行中包含3和2的碎片就不能被放到编号为1和2的空格处。因此便可以排除 ⬚ 和 ⬚ 两个碎片。

拼图第二行最右边的两个数字为5和6,因此下面一行中包含5和6两个数字的碎片也不能被放到编号为1和2的空格处。因此可以排除碎片 ⬚ 。

由此可以得出，编号为1和2的空格中只能放入 |6|5|/|3|2|、|5|1|/|3|4| 和 |4|6|/|2|1| 三个碎片。

因为拼图第一列中间的两个数字为5和1，第二列中间的两个数字为3和4，所以碎片 |5|1|/|3|4| 不能放在空格1的位置，此处只能放入 |6|5|/|3|2| 或者 |4|6|/|2|1|。

因为拼图第三列最下面两个数字为4和1，第四列最下面两个数字为2和5，所以碎片 |6|5|/|3|2| 和 |4|6|/|2|1| 不能放在空格2的位置，此处只能填入碎片 |5|1|/|3|4|。

填入空格2处的碎片后，拼图如下图所示。

		5	1	3	2
		3	4	5	6
5	3				
1	4				
		4	2		
		1	5		

因为空格1只能放入 |6|5|/|3|2| 或者 |4|6|/|2|1|，且空格2处已填入了 |5|1|/|3|4|，所以碎片 |6|5|/|3|2| 不能填入空格1中，空格1中只能填入 |4|6|/|2|1|。

填入空格1和空格2后，拼图如下图所示。我们再来解析下图中所示的空格3和空格4应该填入哪两个碎片。

141

剩余4个碎片：[6 5 / 3 2]，[4 1 / 2 5]，[2 6 / 6 3]，[1 3 / 6 4]。

我们再观察全局，使用之前的分析方法可以判断出，空格3处只能放入碎片 [2 6 / 6 3]，空格4处只能放入碎片 [4 1 / 2 5]。

同理，我们再对剩余的两个空格进行排除筛选，很容易便能将整个拼图拼好啦！

拼好之后的图形如下图所示。

22. 寻找好心人

答案：说真话的是饭店门迎小刘和高中生峰峰。送刘先生去医院的好心人是路边小贩赵安全。

根据题目所给出的信息可知，他们四个人中有两个人说了真话，两个人说了假话。

我们可以使用假设法来进行推理。

假设司机老王说的是真话,那么高中生峰峰和小贩赵安全说的就都是真话,这样一来有三个人说了真话,与题干不符。因此,司机老王说真话的假设不成立,司机老王说的是假话。

老王说他们四个人都没有送刘先生去医院。因为老王说的是假话,所以他们四个人中至少有一个是送刘先生去医院的人,门迎小刘说的是真话。

峰峰说小刘和赵安全至少有一人没有送刘先生去医院,也就是说,他们两个人中只有一人送刘先生去了医院,或者两个人都没有送刘先生去医院。假设峰峰说的是假话,说明小刘和赵安全都送刘先生去了医院。那么小贩赵安全说自己没有送刘先生去医院的话也就是假的。这样一来就有三个人说了谎,与题干只有两个人说了谎相矛盾,因此峰峰说假话的假设不成立,那么,峰峰说的就是真话。

因为峰峰说的是真话,所以小刘和赵安全之中有一个人没有送刘先生去医院。赵安全说了假话,他说自己不是送刘先生去医院的人,也就是说,事实是他就是送刘先生去医院的人。

我们再反过来推理一遍。若小贩赵安全就是送刘先生去医院的人,那么小贩赵安全就说了谎,峰峰说的话是真的,门迎小刘说的话也是真的,出租车司机老王说的话就是假的。这符合题干给出的"两人说了真话,两人说了假话"的设定。

23. 解救米娅

答案如下图所示。

这道迷宫题非常考验人的逻辑性和前后推理能力，勇敢地尝试并不断修正，是解开迷宫题目的关键！

24. 市场部的聚餐

答案：小甲的猜测是对的。

已知的信息为，两名女士来自不同省份，来自河北的有两个人，来自海南的有两个人，来自陕西的有一人。

从题目的已知信息可以推断出，他们五个人中属于同一个省份的人最多只能是两个。

所以，无论两名女士来自什么省份，三名男士都不可能来自同一个省份。三名男士中必然有两名男士来自不同省份。因此，小甲的猜测是对的。

由题干的已知信息没有办法推断出两名女士具体来自哪个省份。若两名女士一名来自海南，一名来自陕西，则符合领导所给出的信息。因此小乙所说的"一定有一名女士来自河北"的判断是错误的。

若两名女士分别来自河北和海南，那么三名男士的籍贯分别是河北、海南、陕西。若两名女士分别来自河北和陕西，那么三名男士有一人来自河北，另外两个人来自海南。因此，小丙的猜测不一定正确。

若两名女士分别是来自河北和陕西，就有两名男士是来自海南了，因此小丁的猜测也是不对的。

由已知的信息完全没有办法推断出来自陕西的到底是男士还是女士，因此小戊的猜测也是错的。

25. 免费冰激凌

答案：
第一个冰激凌上面？处的字母为 K；
第一个冰激凌上面？处的字母为 E；
第三个冰激凌上面？处的字母为 H。

做逻辑思维类的题目，首先要观察已知信息，并找出已知信息之间存在的规律。

第一个冰激凌上面的字母为 C E G I ?。

我们可以发现这一行字母的规律为，每两个字母之间都间隔一个字母。I 后面与 I 间隔一个的字母为 K。因此，第一个冰激凌的答案是 K。

第二个冰激凌上面的字母为 A A B C ?。

A、B、C 在字母表中对应的数字顺序为 1、2、3，因此，字母裱花上的数字排列为 1，1，2，3。我们可以发现这一行字母的规律为，后面一个数字是前两个数字之和。因此第五个数字为 2 和 3 的和，即 2+3=5。排序为 5 的字母为 E。因此，第二个冰激凌的答案是 E。

第三个冰激凌上面的字母为 B E ? K N。

我们可以发现，B 和 E 之间间隔着两个字母：C 和 D；K 和 N 之间间隔着两个字母：L 和 M。E 和 K 之间恰好间隔着 5 个字母。

因此，这一行的规律为，每两个字母之间间隔着两个字母，因此，E 和 K 之间的字母为 H。

26. 妈妈的烦恼

答案：C。

这是典型的"偷换概念"类的逻辑题。

这道题的关键在于"平均体重"和"体重增长"是两个概念。

雯雯孩子的体重低于平均体重，并不能说明其体重增长就慢。若孩子出生时体重就偏低，那么即使孩子体重增长高于平均水平，3 个月后孩子的体重也有可能低于正常婴儿的平均水平。

因此，大妈和雯雯简单地将孩子"体重轻"对等为"体重增长不理想"，这是偷换概念，推理不严谨。

如果"C 选项：雯雯的孩子出生时体重低于平均水平"为真，则能直接证实大妈所说的话中的逻辑漏洞。

A 选项和 B 选项与大妈"偷换概念"的逻辑漏洞没有什么关系，也不能支持医生所说的"雯雯的孩子很健康"的结论。

D 选项：婴儿的体重增长低于平均水平，并不能说明孩子的发育不正常。我们上面已经分析了，雯雯孩子的体重增长不一定偏低，所以 D 选项是不正确的。

E 选项：婴儿 6 个月大的时候，体重就会达到正常水平了。这个猜测与大妈所说的话毫无关系，并不能说明大妈话中的逻辑漏洞。因此 E 选项也不能选。

27. 同意不同句

答案：凌莉的话一定是正确的。

这道题目考验的是命题的逆否命题。

如果两个命题中一个命题的条件和结论分别是另一个命题的结论和条件的否定，则这两个命题就是互为逆否命题。

如果原命题为，若 a，则 b；那么逆否命题为，若非 b，则非 a。

原命题与逆否命题等价，若原命题为真，则逆否命题也一定为真。

这道题目中的原命题为"只要有勇气和智慧，就没有办不成的事"。

逆否命题为，如果有事办不成，就是缺乏足够的勇气或者缺乏足够的智慧。所以，凌莉所说的一定是正确的。

28. 哪个西瓜熟了？

答案：第一个西瓜是熟的，第二个西瓜是生的，第三个西瓜是熟的。

我们可以用假设法来解答这个问题。

根据西瓜切开后卖瓜老伯的话语可知，他们三个人每个人都只猜对了一半。

爸爸的猜测为，第一个西瓜是生的，第三个西瓜是熟的。

假设爸爸的前半句话是对的，后半句是错的，那么可以推断出第一个西瓜是生的，第三个西瓜也是生的。（1）

大儿子猜测第二个西瓜是熟的，第三个西瓜也是熟的。

根据（1）的结论，大儿子后半句是错的，那么他猜测的前半句就是对的。即第二个西瓜是熟的。（2）

根据（1）和（2）可以推断出，第一个西瓜是生的，第二个西瓜是熟的，第三个西瓜是生的。

这样一来，小女儿的话前半句和后半句就都是对的了，与事实不符。因此，该推断不正确。即爸爸所说的话前半句是对的，后半句是错的的假设不成立。（3）

根据（3）我们可以推断出，爸爸的话前半句是错的，后半句是对的。（4）

由此可以推断出第一个西瓜是熟的，第三个西瓜也是熟的。（5）

那么，大儿子的推断，后半句是对的，前半句是错的。由此可以推断出，第二个西瓜是生的。（6）

因此三个西瓜的生熟情况为，第一个西瓜是熟的，第二个西瓜是生的，第三个西瓜是熟的。

小女儿的猜测前半句是错的，后半句是对的，与题干相符。

29. 日用品调价

答案：在调价之前，一瓶洗发水的价格为 105 元，一瓶护发素的价格为 45 元。具体算法如下。

现在一套洗发水和护发素的价格比原来低了 1%。计算可得：

$150 \times 1\% = 1.5$（元）

$150 - 1.5 = 148.5$（元）

现在一套洗发水和护发素的价格为 148.5 元。

假设在调价之前，洗发水的价格为 a，护发素的价格为 b。

调价后，洗发水的价格为 $(1-10\%)a$，即 $0.9a$；护发素的价格为 $(1+20\%)b$，即 $1.2b$。

$0.9a + 1.2b = 148.5$（元）

由题目可知：$a + b = 150$（元）

$b = 150 - a$。

可以推出：0.9a+1.2（150-a）=148.5（元），
由此可得：a=105 元。b=150-a=45 元。

30. 六宫格数独训练

答案如下图所示。

2	5	1	6	3	4
6	3	4	2	5	1
5	2	6	1	4	3
1	4	3	5	2	6
3	1	2	4	6	5
4	6	5	3	1	2

31. 艺人的公关

答案：只有大王的方案是正确的。

这道题目考查的是因果关系，需要根据题目给出的文本信息判断，四个人所说的话哪一句是由题目可以推断出来的，哪些是由题目不能推断出来的。

根据已知信息可以推断出来的信息就是正确的。无法根据已知信息推断出来的，就无法判断其是否正确。

题干给出的信息是，经纪公司很苦恼的原因如下。

如果他们不试图反驳这些谣言——谣言就会传播开来——伤害到"粉丝"的感情——损害声誉，造成负面影响。

如果他们努力反驳这些谣言——反驳会使得公众更加怀疑该女演员——"越描越黑"——损害声誉，造成负面影响。

如果经纪公司不反驳谣言会对艺人的声誉造成损害；如果经纪公司反驳谣言，也会对艺人的声誉造成损害。

因此，无论经纪公司是否反驳，都无法阻止已经出现的谣言损害艺人的声誉。因此，大王说的是对的。

其他三个人所说的话都与题干给出的信息相关，但并没有因果性，因此并不能判断他们所说的话的正确性。

32. 游戏领奖机制

答案：D。

本题中需要大家注意"只要"和"只有"的区别。

只有玩家每周的在线时长超过4个小时，才能获得每周的基础奖励。

"每周在线时长超过4个小时"是获得基础奖励的必要条件，并不是充分条件。也就是说，即使每周在线时长超过了4个小时，也不一定能获得基础奖励。但是获得了基础奖励，在线时长就一定超过了4个小时。

只要玩家每周在线时长超过5个小时，就能获得每周的杰出奖励。

"玩家每周在线时长超过5个小时"是获得杰出奖励的充分必要条件。因此只要满足每周在线时长超过5个小时的条件，就能获得杰出奖励。

由题目可知，有7名玩家在线时长超过了5个小时（杰出奖励的条件），剩下的10名玩家的在线时长均不足4个小时。

如果本周有人获得了基础奖，那么他本周的在线时长必然超过了5个小时。由题目可知，除了在线时长不足4个小时的，其余在线时长均超过了5个小时，因此该玩家也获得了杰出奖励。

由此可知，获得了基础奖励的玩家一定获得了杰出奖励，可以推断出②。

然而，在线时长超过4个小时并不代表就能获得基础奖励，因此推断不出①，即获得杰出奖励的玩家不一定能获得基础奖励。因为获得杰出奖励的玩家只是在在线时长上满足基础奖励的条件，而基础奖励的获得可能还需要满足其他条件。

有7个人本周的在线时长超过了5个小时，而其他人的在线时长

149

都不足 4 个小时，那么获得杰出奖励的人共有 7 个，不足总数 17 个的一半。因此也可以推导出③。

33. 齐齐在家吗？

答案：C。

根据题干可知，齐齐不会单独在家。齐齐会跟爷爷、奶奶、保姆三个人中的一人或多人同时在家。

齐齐在家并不能得出爷爷是否在家，因此 A 选项和 B 选项有误。

爷爷奶奶都不在家的时候，齐齐可以和保姆在家。因此 D 选项也不正确。

即使保姆不在，齐齐也不会单独在家的。因此，C 选项是正确的。

34. 火柴棍的求婚

答案：将 12 根火柴摆成如左下图所示的正六边形，则正好可以摆成 6 个等边三角形。

在这个等边六边形上，去掉三根火柴，就可以将 6 个等边三角形变成 3 个等边三角形，如右下图所示。

35. 糖果有多少

答案：98475 颗，1313 包。

做这道题时需要注意两个细节。

（1）这个五位数的每一个数位上的数字各不相同；

（2）今日糖果厂"最多"生产了多少颗糖果，即问这个五位数最大可以是多少。

因为这个五位数的万位是9，且每个数位上的数字都不相同，所以千位最大是8，十位最大是7，我们初步得出这个数字为98475。

接下来我们需要验证"最大"的数字98475是否为正确的答案。

由题目可知，每包糖果有75颗，糖果的总数应该是75的倍数。

98475÷75=1313。

数字98475正好能被75整除，所以最大的数字为98475。

36. 数列之谜

答案如下图所示。

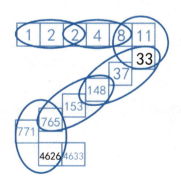

解答这类题目的要领在于寻找各个数字之间的关系，特别是相邻的数字之间的关系。

如上图所示，将数列中每三个数字为一组划分开来，可以看出这三个数字之间的关系如下：中间数字减去第一个数字的差正好是第三个数字除以中间数字的商。

我们按从左至右、从上至下的顺序来分析上图中的圈。

第一个圈：1、2、2；

满足：$2-1=1$，$2\div 2=1$。

第二个圈：2、4、8；

满足：$4-2=2$，$8\div 4=2$。

第三个圈：设问号处的数字为 a，则 $11-8=3$，$a\div 11=3$，得出 $a=33$。

第四个圈：若 $a=33$，则 $37-33=4$，$148\div 37=4$，恰好满足规律。

我们再验证第五个圈，也符合这个规律。

我们暂且把这个差或商叫作媒介数。

我们可以发现，媒介数依次为 1，2，3，4，5，6。

因此，第二个问号处的数字应该为：$771-765=6$，$771\times 6=4626$。

37. 猜颜色

答案：A 是红色、B 是蓝色、C 是黄色、D 是黑色、E 是绿色。

这道题可以使用假设法来解答。由题目可知，每个人只答对了一种颜色，我们可以先假设一个人说的某句话是真的，如果推理的结果与题干不符，那么这个人所说的另一句话就一定是真的，由此便可以推断出所有书签的颜色。

我们先假设一涵的猜测 B 是黄色是对的，那么 E 是绿色就是错的。（结论：B 是黄色。）

B 是黄色的话，子豪说的 B 是蓝色就是错的，D 是红色就是对的。（结论：D 是红色。）

D 是红色的话，悠悠所说的 A 是红色就是错的，E 是黑色就是对的。（结论：E 是黑色。）

E 是黑色的话，丁丁所说的 E 是黑色就是错的，C 是蓝色就是对的。（结论：C 是蓝色。）

根据上面四个人所说的话，已经得出 B 是黄色、D 是红色、E 是黑色、C是蓝色。

而睿睿所说的B是绿色、C是黄色，两句话都与推断出的结果矛盾。而由题目已知每个人都答对了一个颜色，故结论与题干不符，因此假设"B是黄色"不成立。

一涵所说的B是黄色不成立，则E是绿色便一定成立。（结论：E是绿色。）

因为E是绿色，所以悠悠所说的E是黑色不成立，A是红色成立。（结论：A是红色。）

因为A是红色，所以子豪所说的D是红色不成立，B是蓝色成立。（结论：B是蓝色。）

因为B是蓝色，所以丁丁所说的C是蓝色不成立，D是黑色成立。（结论：D是黑色。）

因为B是蓝色，所以睿睿所说的B是绿色不成立，C是黄色成立。（结论：C是黄色。）

由此便可以得出：A是红色、B是蓝色、C是黄色、D是黑色、E是绿色。

38. 学霸的答案

答案：C。

这道题目需要分情况讨论。

第一种假设情况：王珊珊的同桌和齐凯的同桌都是男生。

若王珊珊的同桌是男生，则王珊珊同桌说的话就是真的。那么王珊珊给出来的答案便是"这道判断题是错的"。

若齐凯的同桌也是男生，则齐凯同桌所说的两句话都是真的。一句为"王珊珊说错了"，一句为"这道判断题是对的"。这与题目并不矛盾，该假设成立。可以推断出：女生王珊珊说错了，这道题目的答案应该是正确的。

该假设成立。且这道题是对的。

第二种假设情况：王珊珊的同桌是男生，齐凯的同桌是女生。

若王珊珊的同桌是男生，则王珊珊同桌说的话是真的。那么王珊珊给出来的答案便是"这道判断题是错的"。

而齐凯同桌的两句话："王珊珊说错了"和"这道判断题是对的"，只能一句是真的，一句是假的。

如果"王珊珊说错了"这句话为真，那么这道判断题的答案就是对的。"这道判断题是对的"也就为真，与女生不会连续说两句真话相矛盾。

若"王珊珊说错了"这句话为假，那么王珊珊说的就是对的。王珊珊说"这道题是错的"。而齐凯同桌的第二句话"这道题是对的"也为假。与女生不会连续说两句假话矛盾。

因此，该假设不成立。

第三种假设情况：王珊珊的同桌是女生，齐凯的同桌是男生。

因为齐凯的同桌是男生，所以只有齐凯同桌的话是真的。由此可以断定，王珊珊说错了，这道题应该是对的。那么，王珊珊的同桌说的是真话。

该假设成立。且这道题是对的。

第四种假设情况：王珊珊的同桌是女生，齐凯的同桌也是女生。

因为齐凯的同桌是女生，那么"王珊珊说错了"和"这道题是对的"只能有一句为真。

如果"王珊珊说错了"为真，那么"这道题是对的"就为假。这道题的真正答案应该为假。

因为"王珊珊说错了"是真话，所以王珊珊的答案应该是"这道题是对的"。那么，齐凯同桌的话则可以等同为：王珊珊说"这道题是对的"说错了，这道判断题是对的。

这与正常的逻辑不符，因此不存在这种情况。

如果"这道题是对的"为真，那么"王珊珊说错了"就为假。那么这道题是对的，王珊珊也说这道题是对的。王珊珊的同桌是女生，她说了假话。

该假设只有一种情况成立。且这道题是对的。

综上所述：王珊珊的同桌可能是男生，也可能是女生。齐凯的同桌也可能是男生，也可能是女生。但是，所有这些情况下，都只能推导出这道题是对的，因此只能选 C。

39. 问卷调研

答案：C。

这道题考查的是结论削弱。

如果调查问卷的发放对象都是来参加汉服文化节的人，这一群体本身就是汉服文化的爱好者，他们对汉服的喜好并不能代表所有的年轻人。因此答案是 C。

B 选项被调查的人数不足 1000 人和 E 选项调研问卷设置得不合理，都会对问卷的结果产生一定的影响，但是影响的程度都没有 C 选项影响的程度大。

而 A 选项与题干没有太大的因果关系。

40. 少食多餐的益处

答案：A。

由题干可知，增加每天吃饭的次数，但需要保持进食总量不变，才能显著地降低血脂水平。对于一般人来说，增加就餐次数就会吃更多的食物。因此，对于大多数人来说，增加吃饭次数并不能显著地降低血脂水平。A 选项是正确的。

B 选项中只提到了增加每日的吃饭次数，并没有提到保持进食总量不变。若进食总量增加了很多，则并不能起到降低血脂的作用。因此，B 选项不正确。

题干中提到的信息与 C 选项和 D 选项是矛盾的。

题干并没有提到不同的就餐时间对血脂水平的影响，因此也不能推断出 E 选项。

第三章 高级训练

41. 球球快出来

这 12 个玩具球看起来一样，为了区分，我们先将这些球用数字 1~12 编号。

第一次称：天平左边放入 1、2、3、4 号球，天平右边放入 5、6、7、8 号球。会出现两种情况，天平持平和天平不持平。

情况一：天平持平。

若天平持平，则次品球一定在 9、10、11、12 中间。

第二次称：天平左边放入 1、2、3 号球，天平右边放入 9、10、11 号球。若天平持平，则次品球是 12 号，称量结束；若不持平，则次品球在 9、10、11 号球中。并且，此时根据天平的高低程度可以判断出次品球到底是轻还是重。假设次品球重（若次品球轻也是相同的道理）。

第三次称：称 9 号球和 10 号球。若天平持平，则次品球是 11 号球；若不持平，则重的一方是次品球。三次即可完成次品球的拣选。

情况二：天平不持平。

因为第一次称完天平不持平，所以次品球在 1~8 号球之中，9~12 号球都是合格球。

天平不持平，则有一方必然重于另一方。假设 1、2、3、4 号球的一方略重（即使 1、2、3、4 号球这方略轻，也是相同的道理）。

第二次称：左边放 4、5、6、7 号球，右边放 8、9、10、11 号球。

• 若持平，则次品球在 1、2、3 号球中间，其余球全是合格球。根据第一次称重的结果，1、2、3、4 号球的一方比全是合格球的 5、6、7、8 号的一方略重。因此，次品球比合格球重。

第三次称：天平左边放 1 号球，右边放 2 号球。若持平，则 3 号球是次品球。若不持平，哪一边重，哪一边是次品球。

• 若第二次称重时不持平，且若 4、5、6、7 号球的一方重于 8、9、

10、11号球的一方,则可能是4号球过重或者8号球过轻了。

第三次称量4号球和12号球,若天平持平,则次品球是过轻的8号球。若4号球较重,则次品球是4号球。

• 若第二次称重时不持平,且4、5、6、7号球的一方轻于8、9、10、11号球的一方,则5、6、7号球中有一个较轻的次品球。

第三次称重时左边放5号球,右边放6号球。若天平持平,则次品球是7号球;若不持平,较轻的一方是次品球。

42. 不准动我的菜

答案:李苏。

克勤妈妈的错误逻辑可以精简为:草坪属于业主—我是业主—草坪属于我。

她只是业主的一员,却认为自己可以代表所有业主,这属于典型的以偏概全、偷换概念。

李苏的类比逻辑错误与克勤妈妈的是一样的。李白是一位非常优秀的诗人,没有人比得过他,而《静夜思》只是李白诗作中的一首,李苏的类比却以偏概全地认为所有的诗作都比不上《静夜思》这首诗。因此李苏的类比逻辑错误和克勤妈妈的逻辑错误是相似的。

43. 家电售后的纠纷

答案:B。

A选项中,遥控器丢失属于人为因素造成的,因此不在该品牌电视提供的售后服务范围内。

B选项中,电路板发生故障,并不能断定是瑞斯夫妇使用不当造成的。而且电视花屏发生在购买电视后的第5个月,属于一年免费维修的服务范畴内。因此,瑞斯夫妇要求售后免费更换电路板并修好电视的要求是合理的,在该品牌电视的售后服务范围内。

C选项中,瑞斯夫妇的女儿被砸伤,完全是由于电视的安装不当造成的。这与电视的质量无关，不在售后服务范围内。

D 选项中，电视的损坏是瑞斯夫妇的亲戚人为造成的，不在该品牌电视的售后服务范围内。瑞斯夫妇提出的售后部以半价更换新电视的要求，并不在售后部门的服务范畴之内。

E 选项中，电视质量出现了问题，但是瑞斯夫妇发现问题时已经超过了一个月包换时间，因此不能要求换一台新电视了。

44. 中药的成分

答案：小孙说对了。

假设小王的结论是对的，即这味药剂里没有党参，那么这味药剂里就一定有人参。

根据条件②可知，当归和人参至多只能有一种，因此有人参就一定没有当归。

根据条件③④可知，有人参就一定有何首乌，而有何首乌就一定有当归，这与之前推断出来的没有当归互相矛盾。因此，小王说的"这味药里没有党参"的结论是错误的。

小王的结论是错的，就说明这味药里含有党参。有党参就一定有当归。因此小孙的结论是正确的，小刘的结论是错误的。

这味药里有当归就一定没有人参，因此小钱的结论也是错误的。没有人参并不能判断是否有何首乌，因此小李的结论也是不正确的。

45. 骏马的脾性

答案：C。

条件和推论之间存在因果关系，由条件可以推导出推论。

教练所说的话的逻辑结构如下。

条件：为初学者准备的马必须强健且温驯，两者必须同时具备。

推论：有些马只满足了其中一个条件，如强健但不温驯，因此有些强健的马并不适合初学者。

● 满足结果必须同时具备两个条件。一个条件具备、一个条件不具备——结果不满足。

A 选项的逻辑结构如下。

条件：演员的成功必须有扎实的演技和精心的包装宣传，两者必须同时具备。

推论：有些有名气的演员演技一般，所以他们出名靠的是宣传和包装。

• 满足结果必须同时具备两个条件。结果满足但一个条件不具备——一定具备另一个条件。

A 选项的逻辑结构与教练所说的话逻辑结构完全不一样。由条件无法推理出推论。

B 选项的逻辑结构如下。

条件：公司规定，要获得年度最佳员工称号，必须绩效高，而且出勤要好。

推论：获得年度最佳员工称号的员工，绩效一定很不错。

• 满足结果必须同时具备两个条件。结果满足——其中一个条件一定具备。

B 选项的逻辑结构与教练所说的话的逻辑结构也完全不相同。

C 选项的逻辑结构如下。

条件：学生要选修数理逻辑课，就必须修过普通逻辑课，还要对数学感兴趣。

推论：有些学生虽然对数学很感兴趣，但是他们并没有修过普通逻辑课。因此，有些对数学感兴趣的学生不能选修数理逻辑课。

• 满足结果必须同时具备两个条件。一个条件具备一个条件不具备——结果不满足。

条件和推论之间存在因果关系，由条件可以推导出推论。因此，C 选项与教练所说话的逻辑结构相似。

D 选项的逻辑结构如下。

条件：在某些大公司就职的员工携带工牌来餐厅吃饭，可以享受 7 折优惠。

推论：有些前来就餐的顾客虽然在这些大公司就职，但是他们并没有携带工牌。因此，餐厅的优惠管理条例并没有被很好地宣传和执行。

● 满足结果必须同时具备两个条件。一个条件具备，一个条件不具备——可能是造成该结果的原因。

推论"餐厅的优惠管理条例并没有被很好地宣传和执行"并不是对"打七折"的否定。因此，该选项不正确。

E选项是非常具有迷惑性的一个选项。它的逻辑结构看似与教练所说的话的逻辑结构相似，但是需要注意，不能成为好作家，和写不出流芳百世的作品并不是同一个概念。因此，E选项也不是正确答案。

46. 三峡水怪

答案：E。

这道题目考查因果关系。

A、B、C、D四个选项中描述的内容，都可以作为造成这场乌龙狂欢的原因。

只有E选项"造船厂是罪魁祸首"，并不是造成这场乌龙狂欢的原因。江水中的气囊虽然是造船厂的，但是这场乌龙狂欢并不是造船厂造成的，所以造船厂的存在并非乌龙狂欢的原因。

47. 数独游戏

答案如下图所示。

9	6	2	8	4	1	3	7	5
7	8	5	3	2	6	1	4	9
4	1	3	5	7	9	6	2	8
3	7	6	1	5	4	8	9	2
5	9	8	7	3	2	4	1	6
1	2	4	9	6	8	7	5	3
6	4	9	2	8	7	5	3	1
8	5	1	4	9	3	2	6	7
2	3	7	6	1	5	9	8	4

48. 粮食实践安全

答案：A。

从题干可知，要实践粮食安全，就需要逐渐减少某些农产品的进口依赖风险。如果不断增加从俄罗斯进口粮食的数量，则会导致粮食进口对俄罗斯存在依赖风险。这样一来，一旦俄罗斯停止对华粮食的出口，则有可能造成价格波动，引发我国粮食危机。所以A选项不正确。

49. 苹果垄断案

答案：D。

D项是苹果垄断的证据，而非苹果不是垄断者的证据。因此选D。

50. 脐带血储存

答案：A。

这道题是考查因果关系的。题目中的结论是"脐带血并没有销售人员说的那么神奇"，大家需要在五个选项中找出能支持这个结论的理由。

A选项只说明了造血干细胞来源的三个渠道，这并不能说明储存脐带血的价值并不大。

B选项，脐带血只是某些恶性疾病的辅助治疗手段，并不是最有效的治疗手段，治疗这些恶性疾病还有其他更有效的治疗手段。所以B选项是可以支持"脐带血没有销售人员说的那么神奇"的。

C选项，目前我国因为血液病需要做造血干细胞移植的概率很小，也可以说明"脐带血没有销售人员说的那么神奇"。

D选项，储存脐带血不仅费用昂贵，而且技术要求非常苛刻。事实上，还没有成功储存有临床医学价值的脐带血三年以上的成功案例。因为还没有成功储存三年以上的案例，所以脐带血在预防三年以后可能会患有的恶性疾病的治疗上没有任何作用。因此，此选项也可以说明"脐带血没有销售人员说的那么神奇"。

E选项,目前脐带血储存一般是50毫升,这么少的数量对于成年人疾病的治疗几乎是没有效果的。这也可以支持"脐带血没有销售人员说的那么神奇"这一结论。

因此,B、C、D、E都可以支持"脐带血并没有销售人员说的那么神奇"的结论,而A选项不可以。

下篇　创意思考训练

第四章 初级训练

1. 垫桌脚

因为三块正方形的木板是连在一起的,按照下图所示的方法进行切分,便能将这块木板切分成四块大小一样的木板!

聪明的你想到这个方法了吗?

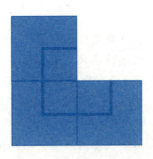

2. 小元宵的作业

答案:小元宵说,"我看的是钟表。"

$$9+6=3$$
$$5+8=1$$
$$6+10=4$$
$$7+11=6$$

9点再过6个小时，正好是3点；

5点再过8个小时，正好是1点；

6点再过10个小时，正好是4点；

7点再过11个小时，正好是6点。

大家可以对着自己家的钟表看一看，小元宵的算法完全没有错哦！

3.Lisa 赔了多少钱？

答案：80元。

首先，顾客给了Lisa 50元假钞，Lisa没有零钱，便去隔壁店换了50元零钱，此时Lisa并没有赔。

顾客买了20元的东西，由于50元是假钞，此时Lisa便赔了20元。

换回零钱后Lisa又给了顾客30元，此时Lisa赔了20+30=50（元）。

当Wendy来索要50元时，Lisa手里还有换来的20元零钱，她从自己的钱里拿出30元赔偿给Wendy即可。

此时Lisa赔的钱就是50+30=80（元），因此Lisa一共赔了80元。

4. 房间的灯

答案如下。

第一步：打开开关A，5分钟后关闭开关A；

第二步：打开开关B；

第三步：进入卧室，开关B控制的是亮着的灯。用手摸不亮的灯，发热的是开关 A 控制的灯，不发热的是开关 C 控制的灯！

5. 小球排队

答案：将这 24 个小球排成一个正六边形，每条边都有 5 个小球，正好是 6 列！若你能立刻想到答案，证明你的创意思维是很不错的哦！

6. 鸭妈妈数孩子

第一步：鸭妈妈从后往前数，数到她自己是 8，说明她是第 8 个，她的后面有 7 只小鸭；

第二步：鸭妈妈从前往后数，数到她自己是 9，说明她前面有 8 只小鸭；

第三步：鸭妈妈的孩子总数应该是 7+8=15，而不是 17。

因此鸭妈妈一共有 15 个孩子。

鸭妈妈数错的原因是她数了两次都把她自己数进去了。

提示：答案不是 16 哦！如果你算出来的结果是 16，那么请检查一下你是不是把鸭妈妈也算进去了。题目问的是鸭妈妈一共有多少个孩子，是不能把鸭妈妈算进去的哦！

7. 山羊买外套

答案：小白羊买了黑色外套，小黑羊买了灰色外套，小灰羊买了白色外套。

要解开这道题目,除需要常规的推理思维之外,还需要一点创意思维。我们在分析三只小羊所说的话时,还需要注意三只小羊说话的顺序,不然是无法解开这道题目的。

已知:三只小羊都没有买和自己身体颜色相同的外套。

根据第一只羊的话,它买到了白色外套,那么买白色外套的一定不是小白羊,而是小黑羊或者是小灰羊。

所以,第一只说话的羊是小黑羊或者小灰羊。

第一只小羊说完话,接话的第二只羊是小黑羊,小黑羊说:"真是这样的,你要是不说,我还真没有注意到这一点!"可以看出,第一只小羊和第二只小羊肯定不是同一只羊,那么,第一只说话的羊一定是小灰羊。

第一只说话的羊所说的内容是:"我很久以前就想买件白色外套,今天终于买到了!"据此可以推断出,小灰羊买了白色外套。

因为小灰羊买了白色外套,所以小黑羊不能买黑色外套,只能买灰色外套了。

同理,小白羊买了黑色外套。

8. 该填什么呢?

答案:♥ + ▼ + ■ = 8。

题目的算式中有四个不同的图形,却只有三个已知的算式。要解开四元等式,需要四个不同的式子,因此我们没有办法通过单纯的计算来解开这道题目。

这时候我们就需要一点创意思维了。

根据题目的提示,这四个图形所代表的数字都是正整数,因此我们可以根据三个已知的算式,确定这四个图形所代表的数字的范围,从而巧妙地解开这道题目。

根据式子 ♥ × ■ × ▼ = 12 可知,三个数相乘为12,那么,这三个可能的算式如下（根据乘法交换律，乘数的前后位置可以互换）。

3×4×1=12；
2×6×1=12；
1×1×12=12。

将这三种可能性都代入算式 ■＋♥－▼=6 中，则能排除 1×1×12=12 和 2×6×1=12 两种。当 ■＋♥=3+4，▼=1 时，正好可以满足 ■＋♥－▼=6 。

因此便能得到：♥＋▼＋■=7+1=8。

我们不妨再往前想一步，解开各个图形所代表的数字。

因为 ■＋♥=3+4，所以■所代表的数字是 3 或是 4。

而 ▼－▲＋■=3，▼=1，

则■=3 时，▲=1，♥=4；

■=4 时，▲=2，♥=3。

无论是以上两种结果中的哪一种，♥＋▼＋■ 的结果都等于 8。

9. 比萨店的题目

按照下图所示的方式即可一笔画出这个形状，可见大厨师并没有刁难罗伊。

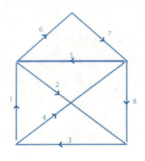

知识拓展

我们应该如何快速判断哪些图形能一笔连成，哪些图形不能一笔连成呢？

早在很多年前，天才数学家欧拉就给出了这个问题的答案。

十八世纪，在哥尼斯堡（现俄罗斯加里宁格勒）的一个公园里，有七座桥将普雷格尔河中的两个岛及岛与河岸连接了起来，因此出现了这样一个问题：能否从这四块陆地中的任一块出发，恰好通过每座桥一次，再回到起点？公园的平面图如左下图所示，可以将其抽象为右下图所示的图形。

那么，这个问题就变成了：在右下图所示的图形中，能否从一点出发一笔画出该图形，且每条线不能重复？

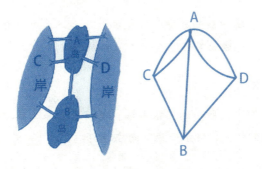

"七桥问题"提出后，很多人对此很感兴趣，纷纷进行试验，但在相当长的时间里，始终没有人能解答。运用普通数学知识就可以知道，每座桥均走一次，这七座桥所有的走法一共有5040种，而这么多种情况，要一一试验出哪一种走法不会重复，需要很大的工作量。

1735年，有几名大学生写信给当时正在俄罗斯圣彼得堡科学院任职的天才数学家欧拉，请他帮忙解决这一问题。欧拉在亲自观察了哥尼斯堡七桥后，认真思考走法，但始终没能成功。于是他怀疑，七桥问题是不是原本就无解呢？

经过一年的研究，1736年，29岁的欧拉向圣彼得堡科学院递交了名为《哥尼斯堡的七座桥》的论文，证明了七桥问题是无解的。

欧拉总结出了关于"一笔画"的三条结论，人们称之为欧拉定理。

欧拉证明，一个图形要能一笔画成，必须满足下列条件，否则，这个图形就不能一笔画成。

• 能一笔画成的图形必须是连通图，就是说这个图形各个部分总有边是相连的；

• 一个图形能否一笔画成由图形中包含的奇、偶点的数目来决定。与奇数条边相连的点叫作奇数点，与偶数条边相连的点叫作偶数点。如果一个图中只有偶数点，那么这个连通图一定可以一笔画成。

• 如果一张图中出现了奇数点，而且奇数点的个数为2，那么这个连通图一定可以一笔画成。画时必须把一个奇数点作为起点，另一个奇数点作为终点。

通过对七桥问题的研究，欧拉开创了一个数学的新分支——图论与几何拓扑，也由此展开了数学史上的新历程。

10. 小鱼游游

移动下图虚线所示的三根木棒，并将这三根木棒摆放在下图中黑色线条表示的位置，这条小鱼就向左边游啦！

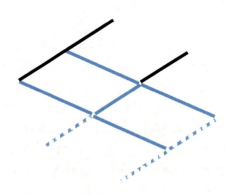

11. 等式要成立

答案：410。

我们可以先观察上面四个等式的左右两边有什么规律。

第一个等式中，等号左边的两个数字为 5 和 3。5-3=2，5+3=8。等号右边的数字是 28，即 2 和 8 的组合。

第二个等式中，等号左边的数字为 9 和 1。9-1=8，9+1=10。等号右边的数字是 810，即 8 和 10 的组合。

第三个等式中，等号左边的数字为 8 和 6。8-6=2，8+6=14。等号右边的数字为 214，即 2 和 14 的组合。

同理，第四个等式也符合这个规律。

第五个等式中，左边的两个数字是 7 和 3。7-3=4，7+3=10。

因此等号右边的数字应该为 4 和 10 的组合，即 410。

12. 进击的三角形

6 根筷子正好可以拼成一个正四面体，正四面体共有 4 个等边三角形。

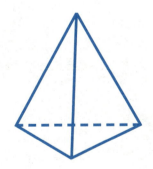

13. 猪奶奶的菜篮子

答案：一共有五种蔬菜，分别是：白菜、萝卜、青椒、番茄和土豆。

这是一道脑筋急转弯题目，题目中用"除……外其他都是……"

的句式诱导你去进行分析和计算,其实在给出的第一个信息"除四种蔬菜以外,其他都是白菜"的表述中便可得知,菜篮子里一共有5种蔬菜,其中一种是白菜。

由后面给出的另外四条信息可知,另外四种蔬菜是萝卜、青椒、番茄和土豆。

绕过了这个弯,是不是发现这道题目其实特别简单呢?

14. 盲人买袜子

因为每双袜子的材质和手感都相同,盲人没办法通过触摸的方法找到属于自己的袜子。他们若想拿回三双黑袜子和三双白袜子,就需要开动脑筋,另辟蹊径!

他们只需要将这12双袜子的标签撕开,每人拿一只,就刚好是每个人三双白袜子,三双黑袜子啦!

15. 欢乐世界寒假庆

答案:5=1。

因为1=5,所以5=1。

这道题考验的是大家的逆向思维,题目用2=15,3=215,4=5225来迷惑大家,如果大家盲目寻找前面几个等式的规律,那么就掉进陷阱啦!

16. 错的标签对的糖

盒子中的物品只存在三种情况:全是糖、全是巧克力、一颗糖和一颗巧克力。已知每个盒子上贴的标签都是错误的,因此贴着"糖和巧克力"标签的盒子中,装着的一定全是糖或者全是巧克力。

先从贴着"糖和巧克力"标签的盒子中取出一样东西,如果取出来的是一颗糖果,那么这一盒装着的就是两颗糖;如果取出来的是巧克力,那么这一盒中装着的就是两颗巧克力。

若取出来的是糖,那么由于每个盒子中装着的东西和贴着的标签都是不对应的,因此,贴着"巧克力"标签的盒子里装着的应该是糖和巧克力,贴着"糖"标签的盒子里应该装了"巧克力"。

若取出来的是巧克力,那么由于每个盒子中装着的东西和贴着的标签都是不对应的,因此,贴着"糖"标签的盒子里应该是糖和巧克力,贴着"巧克力"标签的盒子应该是糖。

因此,只需要从"糖和巧克力"标签的盒子中取出一样东西,便能推断出三个盒子中各自装着什么东西了。

17. 刘姥姥回娘家

第一步:刘姥姥先带狗过河,然后刘姥姥自己回来;
第二步:刘姥姥带大孙子过河,然后刘姥姥把狗带回来;
第三步:刘姥姥带小孙子过河,然后刘姥姥自己回来;
第四步:刘姥姥带狗过河。
只需要四步,他们就都能安全过河啦!

18. 错综复杂的道路

答案:10个。
由于该公司只将加油站设立在道路的交叉口,因此这道题目可以等同于,求五条直线最多有几个交点。
1条直线最多有0个交点;
2条直线最多有1个交点;
3条直线最多有3个交点;
4条直线最多有6个交点;
……
n 条直线有 $n \times (n-1) \div 2$ 个交点。
因此,5条直线最多有10个交点。

19. 香烤华夫饼

答案如下图所示。

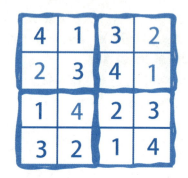

这是一道趣味四宫格数独题目,只要有耐心、看仔细,很快就能解出这道题目啦!

除上面给出的答案以外,你还能解出其他答案吗?

20. 小兔子回家

答案:只要沿着下图中的黑线走,小兔子就能走出迷宫,快速回到家啦。

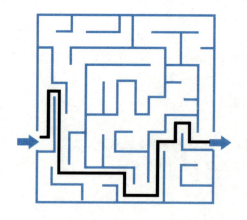

第五章 中级训练

21. 硬币正相同

答案：将这25个硬币随机分成15个一堆和10个一堆，然后将10个一堆的硬币全部翻个面，则两堆硬币正面朝上的个数就完全相同了。

这道题目的巧妙之处在于取补数。

因为正面朝上的硬币总数为10个，将硬币分成15个一堆和10个一堆，如果15个一堆中正面朝上的硬币个数为a，那么10个一堆中的正面朝上的硬币个数就是$10-a$。

然后将10个一堆的硬币全部翻面，那么反面朝上的硬币个数就是$10-a$，正面朝上的硬币个数就是$10-(10-a)=a$。

15个一堆中正面朝上的硬币的个数是a，10个一堆的硬币正面朝上的个数也是a，完全相同。

22. 兄弟分油

答案：

第一步，先将10斤桶里的油倒满7斤桶，再将7斤桶里的油倒满3斤桶。此时10斤桶里还剩3斤油。

第二步，将3斤桶里的油全部倒入10斤桶，此时10斤桶里共有6斤油，而7斤桶里还剩4斤。

第三步，用7斤桶里的油倒满3斤桶，再将3斤桶里的油全部倒入10斤桶。此时10斤桶里有9斤油，7斤桶里只剩1斤；

第四步，将7斤桶里剩的油倒入3斤桶，再将10斤桶里的油倒满7斤桶。此时3斤桶里有1斤油，10斤桶里还剩2斤，7斤桶是满的。

第五步，将7斤桶里的油倒满3斤桶，即倒入2斤，此时7斤桶里就剩下了5斤油，再将3斤桶里的油全部倒入10斤桶，这样就将油平均分开了。

23. 点燃一炷香

答案：先将第一炷香的两端点燃，第二炷香的一端点燃。等第一炷香烧完，是 30 分钟。第二炷香正好烧到了一半。

此时将第二根香的另一端也点燃，从此刻开始到第二炷香烧完，一共需要 15 分钟。

24. 擦数字游戏

答案：

假设末尾数字为 a，擦去末尾数字后得到的数为 b，原来的数字就等于 b 的 10 倍加上 a。而操作过后变成了 b 的 2 倍加 a，说明操作后减少了 b 的 8 倍，则减少的数字一定是 8 的倍数。

而教授最开始写的数字就是 8 的倍数，每次减少的数也一定是 8 的倍数，那么剩下的数也一定是 8 的倍数。每次操作过后都把数缩小了，最后只剩下一位数，且要为 8 的倍数，只能是 8。

25. 飞机绕地球飞行

答案：5 架飞机。

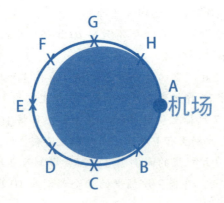

假设地球一圈的长度为 1，每架飞机的油只能绕地球一半，也就

是说,每架飞机只能飞 1/4 圈(因为还需要安全返回)。假设要绕地球飞行一圈的飞机为甲飞机,起飞机场为 A 点。

如上图所示,因为所有的飞机都必须安全返回机场,所以可以推断出,在甲飞机从 A 点到 C 点的飞行过程中,在 1/4 处,即 C 点处,由跟随的飞机供满油。在 3/4 处,即 G 点处,由接机的飞机供满油。所以,甲飞机满箱的油可以飞行 1/4~3/4 这段路程,即按顺时针方向从 A 点到 G 点。

为了计算方便,再设飞机从 A 点到 B 点这 1/8 的路程消耗的油为 1,则油箱装满时油量为 4。

若甲、乙、丙三架飞机同时从 A 点出发,到达 B 点时,三架飞机的油都只剩下 3。此时,丙飞机将自己的油分别给甲飞机和乙飞机 1,则甲飞机和乙飞机都有 4 点油,为满油。而丙飞机只剩下 1 点油了,正好够从 B 点返回机场。

甲飞机和乙飞机继续前行到 C 点,甲飞机和乙飞机都只剩下 3 点油。此时乙飞机将 1 点油给甲飞机,那么甲飞机有 4 点油,而乙飞机只剩下 2 点油,正好够从 C 点飞回机场。

此时甲飞机是满油,可以从 C 点飞到 G 点。这时用同样的方法,反方向去接甲飞机也需要 2 架飞机,因此一共需要 5 架飞机。

26. 他们的职业是什么?

答案:李先生是作家和话剧演员,蒋先生是音乐家和诗人,刘先生是工人与美术家。

我们从题目中给出的条件可以得出以下判断。

音乐家以前与工人谈论过关于古典音乐的欣赏。由此可知,音乐家和工人不是同一个人。

音乐家出国访问时,美术家和李先生曾去送行。由此可知,音乐家和美术家不是同一个人,而李先生不是音乐家,也不是美术家。

工人的爱人是作家的妹妹,由此可知,工人和作家不是同一个人。

作家和诗人曾经在一起探讨过"百花齐放"的问题。由此可知,作家和诗人不是同一个人。

美术家曾与蒋先生看过电影,由此可知,蒋先生不是美术家。

刘先生擅长下棋,蒋先生和作家跟他对弈时屡战屡败。由此可知,蒋先生不是作家,刘先生也不是作家,所以李先生是作家。

由这些条件,可以做出如下推断。

因为李先生是作家,另外一种职业不是音乐家,也不是美术家,那么李先生另外一种职业可能是话剧演员、诗人、工人。

因为作家和工人不是同一个人,作家和诗人也不是同一个人,所以李先生的另一个职业一定是话剧演员。即李先生是作家、话剧演员。

因为蒋先生不是美术家,也不是作家,也不是话剧演员,所以蒋先生可能是音乐家、诗人、工人。

蒋先生和李先生都不是美术家,那么刘先生一定是美术家。因为音乐家和美术家不能是同一个人,那么刘先生一定不是音乐家。因为李先生也不是音乐家,所以蒋先生一定是音乐家。而音乐家和工人不是同一个人,因此,蒋先生是音乐家和诗人。

因此,刘先生是美术家和工人。

27. 剩下的是谁?

答案:单数运动员出列,最后剩下的是32号。双数运动员出列,最后剩下的是1号。

教练下令单数运动员出列时,教练只要下5次命令,就能知道剩下的那个人是谁。此人在教练下第5次令之前排序为2,在教练下第4次令之前排序为4,在下第3次令之前排序为8,在下第2次令之前排序为16,在下第1次令之前排序为32,即第32位运动员。

同理,双数运动员出列时,我们可以得出剩下的是1号运动员。

28. 球在哪儿?

答案:由题目可知,红球和白球是间隔排列的,红球排在第1行,第3行，第5行，第7行……红球全部排在奇数行。

白球排在第2行，第4行，第6行，第8行……白球全部排在偶数行。

我们现在来看，排满每一个奇数行，红球总数比白球总数多了多少个。

- 只排满第1行：

第一行只有3个红球，没有白球。

红球总数比白球总数多3个。

- 排满第3行：

第一行有3个红球，第三行有7个红球，一共10个红球。

第二行有5个白球。

红球总数比白球总数多5个。

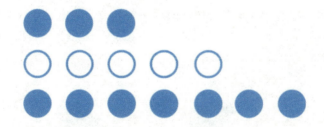

以此类推，当第 n 行（n 为奇数，则第 n 行全是红球）排满的时候，所有的红球总数比白球总数多 $n+2$ 个。

当 $n=2017$ 时，$n+2=2019$，此时红球比白球多2019个。

当 $n=2019$ 时，$n+2=2021$，当第2019行排满时，红球比白球多2021个。

题目问：红球总数比白球总数多2020个的时候，这个球排在哪里？

因此，在第 2019 行，少排一个红球，则红球总数正好比白球总数多 2020 个。

即 2019 行排满的倒数第二个红球，正是比白球多 2020 个红球的那个球所在的位置。这个球，是红色球。

29. 乡村的小桥

这道题考验大家在限制条件下解决问题的能力。

具体到这道题目中，解决方法如下。

第一步：梓轩与妹妹过桥，梓轩返回，耗时 3+1=4（秒）。

第二步：梓轩与爸爸过桥，妹妹回来，耗时 6+3=9（秒）。

第三步：妈妈和爷爷过桥，梓轩回来，耗时 12+1=13（秒）。

第四步：梓轩与妹妹过桥，耗时 3 秒。

4+9+13+3=29（秒），他们可以在 30 秒内过。

30. 残缺变完整

答案：程阿姨按照下图所示的方法剪两刀，将布料剪成三块，就可以拼成一个正方形啦。

大家不妨找张纸亲自动手试试看！

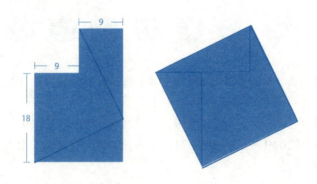

31. 美丽的包装纸

答案如下图所示。

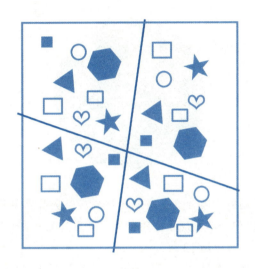

32. 伯爵的遗产

答案：外孙 120 万元，女儿 60 万元，外孙女 30 万元。

若是男孩，则外孙继承 140 万元，女儿继承 70 万元。外孙与女儿继承的比例为 2 : 1。

若是女孩，则外孙女继承 70 万元，女儿继承 140 万元。外孙女与女儿继承的比例为 1 : 2。

根据伯爵的遗嘱，外孙得到的遗产是女儿的两倍，而女儿得到的遗产是外孙女的两倍，三人之间分配财产的比例应该为 4 : 2 : 1。

因此，这 210 万元中，外孙得到 4/7，女儿得到 2/7，外孙女得到 1/7，就可满足伯爵的遗嘱，即外孙 120 万元，女儿 60 万元，外孙女 30 万元。

33. 服务员切西瓜

答案如下图所示。

解答这道题时需要注意这道题的情境。服务员需要将这个西瓜分给13位顾客,但并不是说每位顾客拿到的西瓜要一样大,也并不是说这个西瓜服务员只能切13块。

按照上图所示的方式,可以将一个西瓜切成14块。14块西瓜完全可以分给13位顾客,还剩下一块呢!

34. 抓出"叛徒"

答案:叛徒一共有2个,分别是卡牌E和卡牌F。

这套卡牌的规律为,A、B、C、D四张卡牌上的图案都可以一笔画成,而E和F上的图案并不能一笔画成。

这套卡牌上的图案规律正与我们在前文中介绍过的"一笔画"的知识相关。如果大家对"一笔画"的原则非常熟悉,就不难看出这些图案之间的规律了。

35. 价格标错了吗?

答案:价格没有标错。

如果蛋糕的摆放如图所示,那么从侧面看,两个蛋糕是一样大的,但是从顶上看,两个蛋糕的大小就有区别了。右边的蛋糕确实是左边蛋糕的 2 倍大!

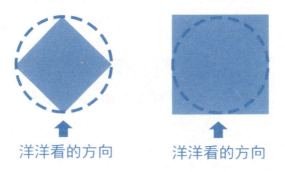

↑ 洋洋看的方向　　　　↑ 洋洋看的方向

我们假设蛋糕底部托盘的半径 R,则直径为 $2R$。

根据勾股定理可得:边长^2×边长^2=$(2R)^2$。解得:边长=$\sqrt{2}R$,即左边蛋糕的边长是 $\sqrt{2}R$。

那么左边正方形蛋糕的面积=边长×边长=$\sqrt{2}R \times \sqrt{2}R = 2R^2$。

因为盘子的半径是 R,那么右边正方形蛋糕的边长为 $2R$。

右边正方形蛋糕的面积为 $2R \times 2R = 4R^2$。

$4R^2 \div 2R^2 = 2$。

右边蛋糕的面积正好是左边蛋糕面积的 2 倍!

因此,价格是没有标错的。

36. 顾客很着急

设 A 煎饼有 A1 和 A2 两面,B 煎饼有 B1 和 B2 两面,C 煎饼有 C1 和 C2 两面。

老板第一个五分钟先烙 A1 和 B1,第二个五分钟再烙 A2 和 C1,最后一个五分钟再烙 B2 和 C2,这样,只需要 15 分钟就能将三个煎饼全部烙好啦!

37. 金矿发工资

答案：完全不需要切6次，只需要切2次就可以啦！如下图所示。

将金条切成1∶2∶4的三份，只需要切两刀。
第一天：矿主将1发给长工；
第二天：矿主将2发给长工，收回1；
第三天：矿主将1发给长工；
第四天：矿主将4发给长工，收回1和2；
第五天：矿主将1发给长工；
第六天：矿主将2发给长工，收回1；
第七天：矿主将1发给长工。

38. 松鼠背松子

答案：最多还剩下25颗松子。

小松鼠先背50颗松子到25米处，这时，它吃了25颗，还剩25颗。

小松鼠将剩下的松子放下，然后往回走，再去背另外50颗松子到25米处。此时，它吃了25颗，还剩25颗。

最后，小松鼠背着50颗松子继续走完剩下的25米，吃掉25颗松子，到家时还剩下25颗。

39. 妙填字

答案：画。

给出的题目中四个字的规律为，四个字的笔画数分别为1、2、3、

4。后面三个同学接龙的三个字的笔画数分别为 5、6、7。由此可知，最后一个空格处应该是一个笔画数为 8 的汉字。

给出的四个选项中只有"画"字有 8 笔，因此答案是画。

40. 比尔的花环

答案如下图所示。

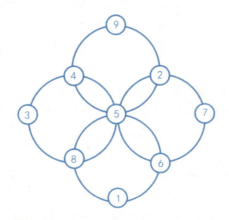

第六章 高级训练

41. 猜出来了吗？

答案：这两个数字分别是 3 和 4，和为 7，积为 12。并且答案是唯一的。

假设教授心里想的两个数字分别是 a 和 b，且 $a \geq b$。

第一个学生知道这两个数字的和：$n=a+b$

第二个学生知道这两个数字的积：$s=a \times b$

因为这两个数字在2~9之间，所以$n \geq 4$，$s \geq 4$。

第一轮猜测：

（1）如果$n=4$，那么这两个数字只能都是2；如果$n=5$，那么这两个数字只能一个是2，一个是3，第一位学生不可能回答不知道。

第一个学生猜不出来这两个数字是多少，也就是说，这两个数字不可能是2和2，2和3，所以，$n>5$，$s \geq 8$。

（2）第二个学生知道这两个数字的积s。如果$s=8$，那么这两个数字只能是2和4。如果$s=9$，那么这两个数字只能是3和3。若$s=10$，那么这两个数字只能是2和5。那么第二位同学不可能回答不知道。

然而，第二位同学猜不出来这两个数字是什么，也就是说，s不可能是8、9或者10。所以这两个数字不可能是3和3，2和4，2和5。因此，$n>6$，$s>10$。

第二轮猜测：

第二轮猜测一开始，第一位同学立刻就知道了答案。由这一点，我们来证明$n=7$是唯一的。

如果$n \geq 8$，那么n至少可以分解为以下几种情况：$2+(6+x)$、$3+(5+x)$、$4+(4+x)$。那么s可以为$2 \times (6+x)$、$3 \times (5+x)$、$4 \times (4+x)$。如果$n \geq 8$，n至少可以分解成三种不同的组合，因此，在第二位同学回答不知道的时候，第一位同学没有理由立刻猜出这两个数字。

因为$n>6$，$n<8$，所以n只能等于7。

所以a和b分别是4和3。

42. 数字反着站

答案：$A=1$，$B=0$，$C=8$，$D=9$。$ABCD=1089$，$1089 \times 9 = 9801$。

$$ABCD \times 9 = DCBA$$

因为四位数 ×9 之后还是一个四位数，因此 A 只能是 1，且 B 与 9 相乘的结果是一位数，不会进位。

因为 A 是 1，A×9=D，所以 D=9。

ABCD 中，处于百位的 B 与 9 相乘后，不会进位，这样的数字只能是 0 或者 1，而 A=1，所以 B=0。

由推导出的数字可以得出 10C9×9=9C01。

个位数 9 与 9 相乘，十位数进 8。C 与 9 相乘得到的数个位为 2，则相加后十位正好为 0。由此可以推断出，C=8。

验证：1089×9=9801。

43. 春夏秋冬

答案：春 =2，夏 =1，秋 =8，冬 =7。
21×87=1827，27×81=2187。

44. 数字轮盘

答案如下图所示。

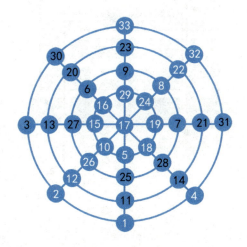

45. 接下来画什么?

答案:B。

题目给出的一组图形全是轴对称图形,而给出的5个选项中,只有A和B是轴对称图形。

再仔细观察题目给出的图形,对称轴右边的图形分别为数字:6、5、4、3、2。由此可以推断出,接下来的图形,对称轴右边的图形应该为1,因此选B。

46. 右转城堡

答案:可乐只需要按照下图中黑线所示的路线行走,就能走出该城堡。

注意,往外走的路线只能向右转哦!

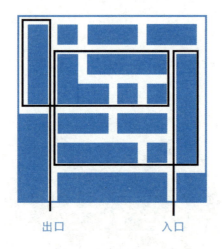

47. 数字签到卡

答案:40.5,135,36,500。

第一行数字的规律为,后一项与前一项的比为1.5,因此括号内应该填 40.5。

第二行数字的规律为，后一项与前一项的比为等差数列，因此括号内应该填 135。

第三行数字的规律为，每一项都是顺序数字的平方关系，因此括号内应该填 36。

第四行数字的规律为，从第三项起，后面一个数字是前面两个数字的积，因此括号内的数字应该填 500。

48. 画龙点睛

答案：3 个点。

这类题目的解题要点是从已知的图形中找规律，然后将规律运用到最后一组图形中。

从题目中我们可以看出：

第一行中的三个图形，每个图形的边数＋点数 =6；

第二行中的三个图形，每个图形的边数＋点数 =8；

因此，规律可能为，每一行的图形，边数＋点数的和都是同一个数字。

我们再来用这个规律看第三行图形是否符合。

第三行的第一个图形：8 条边 +1 个点 =9；第二个图形：4 条边 +5 个点 =9；符合找到的规律。

那么，根据规律，第三个图形的边数＋点数也应该 =9，边数为 6，所以点数应该为 3。

49. 寻找同类

答案：C。

第一行卡片的规律为，上面的数字 × 下面的数字 = 右边的数字 ×10+ 左边的数字。

因此选 C。

50. 猫咪咖啡馆

答案：5。

猫咪 A 身上的数字规律为，8+5+2+1=16=4×4。
即猫咪四只脚上的数字之和，为尾巴上数字的平方。
猫咪 B 上的数字的规律为，11+6+3+5=25=5×5。
所以猫咪 B 尾巴上的数字应该是 5。